Summer & Straight

パーソナルカラー

夏

×

骨格診断

ストレート
似合わせBOOK

ビューティーカラーアナリスト®

海保麻里子
Mariko Kaiho

sanctuarybooks

Prologue

いつでも、どこでも、いくつになっても、心地いい自分でいたい。
日々身につける服も、メイクやヘアスタイルも、自分の心と体によくなじむものだけを選んで、毎日を気分よく過ごしたい。

でも、私に似合うものってなんだろう？
世の中にあふれる服やコスメのなかから、どうやって選べばいいんだろう？

そんな思いを抱えている方に向けて、この本をつくりました。

自分に似合うものを知る近道。それは、自分自身をもっとよく知ること。
もともともっている特徴や魅力を知り、それらを最大限にいかす方法を知ることが、とても大切になります。

そこで役立つのが、「パーソナルカラー」と「骨格診断」。
パーソナルカラーは、生まれもった肌・髪・瞳の色などから、似合う「色」を導き出すセオリー。骨格診断は、生まれもった骨格や体型、ボディの質感から、似合う「形」と「素材」を導き出すセオリー。

この2つのセオリーを知っていれば、自分に似合う服やコスメを迷いなく選べるようになります。

買ってみたもののしっくりこない……ということがなくなるので、ムダ買いが激減し、クローゼットのアイテムはつねにフル稼働。毎朝の服選びがグッとラクになり、それでいて自分にフィットするすてきな着こなしができるようになります。

　自分の魅力をいかしてくれるスタイルで過ごす毎日は、きっと心地よく楽しいもの。つづけるうちに、やがて「自信」や「自分らしさ」にもつながっていくと思います。

　この本の最大のポイントは、12冊シリーズであること。
　パーソナルカラーは「春」「夏」「秋」「冬」の4タイプ、骨格は「ストレート」「ウェーブ」「ナチュラル」の3タイプに分類され、かけ合わせると合計12タイプ。
　パーソナルカラーと骨格診断の専門知識にもとづき、12タイプそれぞれに似合うファッション・メイク・ヘア・ネイルを1冊ずつにわけてご紹介しています。

　1冊まるごと、私のためのファッション本。
　そんなうれしい本をめざしました。これからの毎日を心地いい自分で過ごすために、この本を手もとに置いていただけたら幸いです。

この本の使い方

この本は

パーソナルカラー **夏**

×

骨格診断 **ストレート**

タイプの方のための本です

【パーソナルカラー】
「春」「夏」「秋」「冬」の**4**タイプ

×

【骨格】
「ストレート」「ウェーブ」「ナチュラル」の**3**タイプ

かけ合わせると、合計**12**タイプ

〈全12冊シリーズ〉

この本はこれ！

『パーソナルカラー春 ×骨格診断ストレート 似合わせBOOK』　『パーソナルカラー春 ×骨格診断ウェーブ 似合わせBOOK』　『パーソナルカラー春 ×骨格診断ナチュラル 似合わせBOOK』　『パーソナルカラー夏 ×骨格診断ストレート 似合わせBOOK』　『パーソナルカラー夏 ×骨格診断ウェーブ 似合わせBOOK』　『パーソナルカラー夏 ×骨格診断ナチュラル 似合わせBOOK』

『パーソナルカラー秋 ×骨格診断ストレート 似合わせBOOK』　『パーソナルカラー秋 ×骨格診断ウェーブ 似合わせBOOK』　『パーソナルカラー秋 ×骨格診断ナチュラル 似合わせBOOK』　『パーソナルカラー冬 ×骨格診断ストレート 似合わせBOOK』　『パーソナルカラー冬 ×骨格診断ウェーブ 似合わせBOOK』　『パーソナルカラー冬 ×骨格診断ナチュラル 似合わせBOOK』

パーソナルカラーは……
似合う「**色**」がわかる

生まれもった肌・髪・瞳
の色などから、似合う
「色」を導き出します

骨格は……
似合う「**形**」「**素材**」
がわかる

生まれもった骨格や体
型、ボディの質感から、
似合う「形」と「素材」
を導き出します

12冊シリーズ中、自分自身のタイプの本を読むことで、
本当に似合う「色」「形」「素材」の
アイテム、コーディネート、ヘアメイクが
わかります

1 自分自身が「パーソナルカラー夏×
骨格診断ストレート」タイプで、 ⟶ **P27へ**
似合うものが知りたい方

2 自分自身の「パーソナルカラー」と
「骨格診断」のタイプが
わからない方

▨ パーソナルカラーセルフチェック ⟶ P12へ

▨ 骨格診断セルフチェック ⟶ P22へ

⟶ **12冊シリーズ中、該当するタイプの本を手にとってください**

Contents

Chapter 1

夏×ストレートタイプの 魅力を引き出す ベストアイテム

夏×ストレートタイプのベストアイテム12

Chapter2

なりたい自分になる、
夏×ストレートタイプの
配色術

11色で魅せる、夏×ストレートタイプの
配色コーディネート

Chapter3
夏×ストレートタイプの 魅力に磨きをかける ヘアメイク

色の力で、生まれもった魅力を120%引き出す

「パーソナルカラー」

パーソナルカラーって何？

　身につけるだけで自分の魅力を最大限に引き出してくれる、自分に似合う色。

　そんな魔法のような色のことを、パーソナルカラーといいます。

　SNSでひと目惚れしたすてきな色のトップス。トレンドカラーのリップ。いざ買って合わせてみたら、なんだか顔がくすんで見えたり青白く見えたり……。

　それはおそらく、自分のパーソナルカラーとは異なる色を選んでしまったせい。

　パーソナルカラーは、生まれもった「肌の色」「髪の色」「瞳の色」、そして「顔立ち」によって決まります。自分に調和する色を、トップスやメイクやヘアカラーなど顔まわりの部分にとり入れるだけで、肌の透明感が驚くほどアップし、フェイスラインがすっきり見え、グッとおしゃれな雰囲気になります。

　これ、大げさではありません。サロンでのパーソナルカラー診断では、鏡の前でお客さまのお顔の下にさまざまな色の布をあてていくのですが、「色によって見え方がこんなに違うんですね！」と多くの方が驚かれるほど効果絶大なんです。

イエローベースと
ブルーベース

　最近「イエベ」「ブルベ」という言葉をよく耳にしませんか？

　これは、世の中に無数に存在する色を「イエローベース（黄み）」と「ブルーベース（青み）」に分類したパーソナルカラーの用語。

　たとえば同じ赤でも、黄みがあってあたたかく感じるイエローベースの赤と、青みがあって冷たく感じるブルーベースの赤があるのがわかるでしょうか。

　パーソナルカラーでは、色をイエローベースとブルーベースに大きくわけ、似合う色の傾向を探っていきます。

4つのカラータイプ「春」「夏」「秋」「冬」

　色は、イエローベースかブルーベースかに加えて、明るさ・鮮やかさ・クリアさの度合いがそれぞれ異なります。パーソナルカラーでは、そうした属性が似ている色をカテゴライズし、「春」「夏」「秋」「冬」という四季の名前がついた4つのグループに分類しています。各タイプに属する代表的な色をご紹介します。

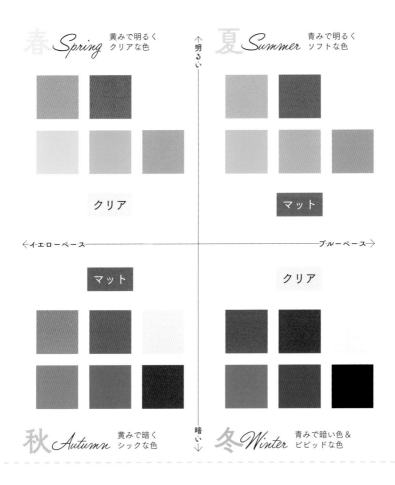

パーソナルカラーセルフチェック

あなたがどのパーソナルカラーのタイプにあてはまるか、セルフチェックをしてみましょう。迷った場合は、いちばん近いと思われるものを選んでください。
①できるだけ太陽光が入る部屋、または明るく白い照明光の部屋で診断してください。
②ノーメイクでおこなってください。
③着ている服の色が影響しないように白い服を着ましょう。

診断はこちらの
ウェブサイトでも
できます（無料）

Q1 あなたの髪の色は？
（基本は地毛。カラーリングしている方はカラーリング後の色でもOK）

A
黄みの
ライトブラウン

B
赤みのローズブラウン、
または
ソフトなブラック

C
黄みのダークブラウン、
または緑みの
マットブラウン

D
ツヤのあるブラック

Q2 あなたの髪の質感は？

A
ふんわりと
やわらかい
（ねこっ毛だ）。

B
髪は細めで
サラサラだ。

C
太さは普通で
コシとハリがある。

D
1本1本が太くて
しっかりしている。

Q3 あなたの瞳は？

A
キラキラとした黄みの
ライトブラウン〜
ダークブラウン。

B
赤みのダークブラウン
〜ソフトなブラック。
ソフトでやさしい印象。

C
黄みのダークブラウン
で落ち着いた印象。
緑みを感じる方も。

D
シャープなブラック。
白目と黒目の
コントラストが強く
目力がある。
切れ長の方も。

Q4 あなたの肌の色は？

A	B	C	D

明るいアイボリー。ツヤがあって皮膚は薄い感じ。	色白でピンク系。なめらかな質感で頬に赤みが出やすい。	暗めのオークル系。頬に色味がなくマットな質感。くすみやすい方も。	ピンク系で色白。または濃いめの肌色で皮膚は厚め。

Q5 日焼けをすると？

A	B	C	D
赤くなってすぐさめる。比較的焼けにくい。	赤くなりやすいが日焼けはほとんどしない。	日焼けしやすい。黒くなりやすくシミができやすい。	やや赤くなり、そのあときれいな小麦色になる。

Q6 家族や親しい友人からほめられるリップカラーは？

A	B	C	D
クリアなピーチピンクやコーラルピンク	明るいローズピンクやスモーキーなモーブピンク	スモーキーなサーモンピンクやレッドブラウン	華やかなフューシャピンクやワインレッド

Q7 人からよく言われるあなたのイメージは?

A	B	C	D
キュート、フレッシュ、カジュアル、アクティブ	上品、やさしい、さわやか、やわらかい	シック、こなれた、ゴージャス、落ち着いた	モダン、シャープ、スタイリッシュ、クール

Q8 ワードローブに多い、得意なベーシックカラーは?

A	B	C	D
ベージュやキャメルを着ると、顔色が明るく血色よく見える。	ブルーグレーやネイビーを着ると、肌に透明感が出て上品に見える。	ダークブラウンやオリーブグリーンを着ても、地味にならずにこなれて見える。	ブラックを着ても暗くならず、小顔&シャープに見える。

Q9 よく身につけるアクセサリーは?

A	B	C	D
ツヤのあるピンクゴールドや明るめのイエローゴールド	上品な光沢のシルバー、プラチナ	マットな輝きのイエローゴールド	ツヤのあるシルバー、プラチナ

Q10 着ていると、家族や親しい友人からほめられる色は?

A	B	C	D
明るい黄緑やオレンジ、黄色などのビタミンカラー	ラベンダーや水色、ローズピンクなどのパステルカラー	マスタードやテラコッタ、レンガ色などのアースカラー	ロイヤルブルーやマゼンタ、真っ赤などのビビッドカラー

─── 診 断 結 果 ───

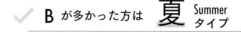

✓ **A** が多かった方は 春 Spring タイプ

✓ **B** が多かった方は 夏 Summer タイプ

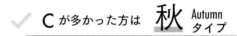

✓ **C** が多かった方は 秋 Autumn タイプ

✓ **D** が多かった方は 冬 Winter タイプ

いちばんパーセンテージの高いシーズンがあなたのパーソナルカラーです。パーソナルカラー診断では似合う色を決める４つの要素である「ベース（色み）」「明るさ（明度）」「鮮やかさ（彩度）」「クリアか濁っているか（清濁）」の観点から色を分類し、「春夏秋冬」という四季の名称がついたカラーパレットを構成しています。

パーソナルカラーは、はっきりわかりやすい方もいれば、複数のシーズンに似合う色がまたがる方もいます。パーソナルカラーでは、いちばん似合う色が多いグループを「1st シーズン」、２番目に似合う色が多いグループを「2nd シーズン」と呼んでいます。

- ・春と秋が多い方　黄みのイエローベースが似合う（ウォームカラータイプ）
- ・夏と冬が多い方　青みのブルーベースが似合う（クールカラータイプ）
- ・春と夏が多い方　明るい色が似合う（ライトカラータイプ）
- ・秋と冬が多い方　深みのある色が似合う（ダークカラータイプ）
- ・春と冬が多い方　クリアで鮮やかな色が似合う（ビビッドカラータイプ）
- ・夏と秋が多い方　スモーキーな色が似合う（ソフトカラータイプ）

The「春」「夏」「秋」「冬」タイプの方と、2nd シーズンをもつ６タイプの方がいて、パーソナルカラーは大きく 10 タイプに分類することができます（10Type Color Analysis by 4element®）。

※迷う場合は、巻末の「診断用カラーシート」を顔の下にあててチェックしてみてください（ノーメイク、自然光または白色灯のもとでおこなってください）。

春 Spring タイプ

カジュアル　　キュート

アクティブ　　フレッシュ

どんなタイプ？
かわいらしく元気な印象をもつ春タイプ。春に咲き誇るお花畑のような、イエローベースの明るい色が似合います。

肌の色
明るいアイボリー系。なかにはピンク系の方も。皮膚が薄く、透明感があります。

髪・瞳の色
黄みのライトブラウン系。色素が薄く、瞳はガラス玉のように輝いている方が多いです。

似合うカラーパレット

春タイプの色が似合う場合：肌の血色がアップし、ツヤとハリが出る

春タイプの色が似合わない場合：肌が黄色くなり、顔が大きく見える

ベースカラー
（コーディネートの基本となる色）：
アイボリー、ライトウォームベージュ、ライトキャメルなど、黄みのライトブラウン系がおすすめ。

アソートカラー
（ベースカラーに組み合わせる色）：
ピーチピンク、ライトターコイズなどを選ぶと、肌がより明るく血色よく見えます。

アクセントカラー
（配色に変化を与える色）：
ライトオレンジやブライトイエローなどのビタミンカラー、クリアオレンジレッドなどのキャンディカラーがぴったり。

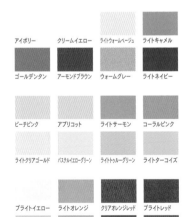

アイボリー　クリームイエロー　ライトウォームベージュ　ライトキャメル

ゴールデンタン　アーモンドブラウン　ウォームグレー　ライトネイビー

ピーチピンク　アプリコット　ライトサーモン　コーラルピンク

ライトクリアゴールド　パステルイエローグリーン　ライトトゥルーグリーン　ライトターコイズ

ブライトイエロー　ライトオレンジ　クリアオレンジレッド　ブライトレッド

アップルグリーン　ブルーバード　ライトトゥルーブルー　クロッカス

夏 Summer タイプ

やさしい
さわやか
やわらかい
上品

どんなタイプ？
エレガントでやわらかい印象をもつ夏タイプ。雨のなかで咲く紫陽花のような、ブルーベースのやさしい色が似合います。

肌の色
明るいピンク系。色白で頬に赤みのある方が多いです。

髪・瞳の色
赤みのダークブラウン系か、ソフトなブラック系。穏やかでやさしい印象。

似合うカラーパレット

夏タイプの色が似合う場合： 肌の透明感がアップし、洗練されて見える
夏タイプの色が似合わない場合： 肌が青白く見え、寂しい印象になる

ベースカラー
（コーディネートの基本となる色）：
ライトブルーグレー、ソフトネイビー、ローズベージュなどで上品に。

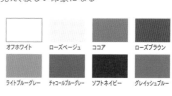

オフホワイト　ローズベージュ　ココア　ローズブラウン
ライトブルーグレー　チャコールブルーグレー　ソフトネイビー　グレイッシュブルー

アソートカラー
（ベースカラーに組み合わせる色）：
青みのある明るいパステルカラーや、少し濁りのあるスモーキーカラーが得意。

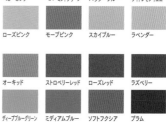

ベビーピンク　ペパーミントグリーン　パウダーブルー　ライトレモンイエロー
ローズピンク　モーブピンク　スカイブルー　ラベンダー

アクセントカラー
（配色に変化を与える色）：
ローズレッド、ディープブルーグリーンなど、ビビッドすぎない色が肌になじみます。

オーキッド　ストロベリーレッド　ローズレッド　ラズベリー
ディープブルーグリーン　ミディアムブルー　ソフトフクシア　プラム

秋 Autumn タイプ

ゴージャス

シック

落ち着いた

こなれた

どんなタイプ？
大人っぽく洗練された印象をもつ秋タイプ。
秋に色づく紅葉のような、イエローベース
のリッチな色が似合います。

肌の色
やや暗めのオークル系。マッ
トな質感で、頬に色味がない
方も。

髪・瞳の色
黄みのダークブラウン系。グ
リーンっぽい瞳の方も。穏や
かでやさしい印象。

似合うカラーパレット

秋タイプの色が似合う場合：肌の血色がアップし、なめらかに見える
秋タイプの色が似合わない場合：肌が暗く黄ぐすみして、たるんで見える

ベースカラー
（コーディネートの基本となる色）：
ダークブラウン、キャメル、オリーブグ
リーンなどのアースカラーも地味になら
ず洗練度アップ。

バニラホワイト　ベージュ　コーヒーブラウン　ダークブラウン

マホガニー　キャメル　ブロンズ　オリーブグリーン

アソートカラー
（ベースカラーに組み合わせる色）：
サーモンピンク、マスカットグリーンな
ど、少し濁りのあるスモーキーカラーで
肌をなめらかに。

ディープピーチ　サーモンピンク　マスタード　マスカットグリーン

レンガ　アーミーグリーン　ダークターコイズ　レッドパープル

アクセントカラー
（配色に変化を与える色）：
テラコッタ、ゴールド、ターコイズなど、
深みのあるリッチなカラーがおすすめ。

オレンジレッド　トマトレッド　テラコッタ　オレンジ

ゴールデンイエロー　ゴールド　ターコイズ　ディープイエローグリーン

冬 Winter タイプ

スタイ
リッシュ

モダン

クール

シャープ

どんなタイプ？
シャープで凛とした印象をもつ冬タイプ。澄んだ冬空に映えるような、ブルーベースのビビッドな色が似合います。

肌の色
明るめか暗めのピンク系。黄みの強いオークル系の方も。肌色のバリエーションが多いタイプ。

髪・瞳の色
真っ黒か、赤みのダークブラウン系。黒目と白目のコントラストが強く、目力があります。

似合うカラーパレット

冬タイプの色が似合う場合：フェイスラインがすっきりし、華やかで凛とした印象になる
冬タイプの色が似合わない場合：肌から色がギラギラ浮いて見える

ベースカラー
（コーディネートの基本となる色）：
白・黒・グレーのモノトーンが似合う唯一のタイプ。濃紺も似合います。

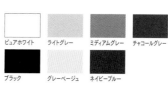

ピュアホワイト　ライトグレー　ミディアムグレー　チャコールグレー
ブラック　グレーベージュ　ネイビーブルー

アソートカラー
（ベースカラーに組み合わせる色）：
深みのあるダークカラーで大人っぽく。薄いシャーベットカラーも得意。

ブルーレッド　マラカイトグリーン　パイングリーン　ロイヤルパープル
ペールグリーン　ペールブルー　ペールピンク　ペールバイオレット

アクセントカラー
（配色に変化を与える色）：
目鼻立ちがはっきりしているので、ショッキングピンクやロイヤルブルーなどの強い色にも負けません。

トゥルーレッド　チェリーピンク　ショッキングピンク　マゼンタ
レモンイエロー　トゥルーグリーン　トゥルーブルー　ロイヤルブルー

※ベース、アソート、アクセントカラーは配色によって変わることがあります

一度知れば一生役立つ、似合うファッションのルール

「骨格診断」

骨格診断って何？

肌や瞳の色と同じように、生まれもった体型も人それぞれ。骨格診断は、体型別に似合うファッションを提案するメソッドです。

体型といっても、太っているかやせているか、背が高いか低いか、ということではありません。

骨や関節の発達のしかた、筋肉や脂肪のつきやすさ、肌の質感など、生まれもった体の特徴から「似合う」を導き出します。

パーソナルカラーでは自分に似合う「色」がわかる、といいました。一方、骨格診断でわかるのは、自分に似合う「形」と「素材」。

服・バッグ・靴・アクセサリーなど世の中にはさまざまなファッションアイテムがあふれていますが、自分の骨格タイプとそのルールを知っておけば、自分に似合う「形」と「素材」のアイテムを迷わず選びとることができるんです。

体型に変化があっても、骨の太さが大きく変わることはありません。体重の増減が10kg前後あった場合、似合うものの範囲が少し変わってくることはありますが、基本的に骨格タイプは一生変わらないもの。つまり、自分の骨格タイプのルールを一度覚えてしまえば、一生役立ちます。

年齢を重ねるとボディラインが変化していきますが、じつは変化のしかたには骨格タイプごとの特徴があります。そのため、年齢を重ねることでより骨格タイプに合ったファッションが似合うようになる傾向も。

パーソナルカラーと骨格診断。どちらも、「最高に似合う」を「最速で叶える」ためのファッションルール。服選びに迷ったときや、鏡のなかの自分になんだかしっくりこないとき、きっとあなたを助けてくれるはずです。

3つの骨格タイプ「ストレート」「ウェーブ」「ナチュラル」

　骨格診断では、体の特徴を「ストレート」「ウェーブ」「ナチュラル」という3つの骨格タイプに分類し、それぞれに似合うファッションアイテムやコーディネートを提案しています。

　まずは、3タイプの傾向を大まかにご紹介しますね。

ストレート *Straight*

筋肉がつきやすく、立体的でメリハリのある体型の方が多いタイプ。シンプルでベーシックなスタイルが似合います。

ウェーブ *Wave*

筋肉より脂肪がつきやすく、平面的な体型で骨が華奢な方が多いタイプ。ソフトでエレガントなスタイルが似合います。

ナチュラル *Natural*

手足が長く、やや平面的な体型で骨や関節が目立つ方が多いタイプ。ラフでカジュアルなスタイルが似合います。

骨格診断セルフチェック

診断はこちらの
ウェブサイトでも
できます（無料）

あなたがどの骨格診断のタイプにあてはまるか、セルフ
チェックをしてみましょう。迷った場合は、いちばん近い
と思われるものを選んでください。
①鎖骨やボディラインがわかりやすい服装でおこないましょう。
　（キャミソールやレギンスなど）
②姿見の前でチェックしてみましょう。
③家族や親しい友人と一緒に、体の特徴を比べながらおこなうとわかりやすいです。

Q1 筋肉や脂肪のつき方は？

A 筋肉がつきやすく、二の腕や太ももの前の筋肉が張りやすい。

B 筋肉がつきにくく、腰まわり、お腹など下半身に脂肪がつきやすい。

C 関節が大きく骨が太め。肉感はあまりなく、骨張っている印象だ。

Q2 首から肩にかけてのラインは？

A 首はやや短め。肩まわりに厚みがある。

B 首は長めで細い。肩まわりが華奢で薄い。

C 首は長くやや太め。筋が目立ち肩関節が大きい。

Q3 胸もとの厚みは？

A 厚みがあり立体的（鳩胸っぽい）、バストトップは高め。

B 厚みがなく平面的、バストトップはやや低め。

C 胸の厚みよりも、肩関節や鎖骨が目立つ。

Q4 鎖骨や肩甲骨の見え方は？

A あまり目立たない。

B うっすらと出ているが、骨は小さい。

C はっきりと出ていて、骨が大きい。

Q5 体に対する手の大きさや関節は？

A 手は小さく、手のひらは厚い。骨や筋は目立たない。

B 大きさはふつうで、手のひらは薄い。骨や筋は目立たない。

C 手は大きく、厚さより甲の筋や、指の関節、手首の骨が目立つ。

Q6 手や二の腕、太ももの質感は？

A 弾力とハリのある質感。

B ふわふわとやわらかい質感。

C 皮膚がややかため、肉感をあまり感じない。

Q7 腰からお尻のシルエットは？

A 腰の位置が高めで、腰まわりが丸い。

B 腰の位置が低めで、腰が横（台形）に広がっている。

C 腰の位置が高めで、お尻は肉感がなく平らで長い。

Q8 ワンピースならどのタイプが似合う？

A Iラインシルエットでシンプルなデザイン

B フィット＆フレアのふんわり装飾性のあるデザイン

C マキシ丈でゆったりボリュームのあるデザイン

Q9 着るとほめられるアイテムは？

A パリッとしたコットンシャツ、ハイゲージ（糸が細い）のVネックニット、タイトスカート

B とろみ素材のブラウス、ビジューつきニット、膝下丈のフレアスカート

C 麻の大きめシャツ、ざっくり素材のゆったりニット、マキシ丈スカート

Q10 どうもしっくりこないアイテムは？

A ハイウエストワンピ、シワ加工のシャツ、ざっくり素材のゆったりニット

B シンプルなVネックニット、ローウエストワンピ、オーバーサイズのカジュアルシャツ

C シンプルなTシャツ、フィット＆フレアの膝丈ワンピ、ショート丈ジャケット

── 診 断 結 果 ──

✓ **A** が多かった方は **ストレート**タイプ

✓ **B** が多かった方は **ウェーブ**タイプ

✓ **C** が多かった方は **ナチュラル**タイプ

いちばん多い回答が、あなたの骨格タイプです（2タイプに同じくらいあてはまった方は、ミックスタイプの可能性があります）。BとCで悩んだ場合は、とろみ素材でフィット感のある、フリルつきのブラウス＆膝丈フレアスカートが似合えばウェーブタイプ、ローゲージ（糸が太い）のざっくりオーバーサイズのニット＆ダメージデニムのワイドシルエットが似合う方は、ナチュラルタイプの可能性が高いです。

ストレート *Straight* タイプ

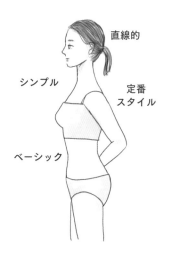

直線的

シンプル

定番
スタイル

ベーシック

どんなタイプ？

グラマラスでメリハリのある体が魅力のストレートタイプ。シンプルなデザイン、適度なフィット感、ベーシックな着こなしで「引き算」を意識すると、全体がすっきり見えてスタイルアップします。

体の特徴

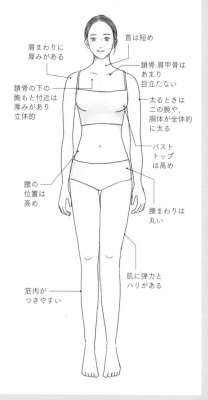

肩まわりに
厚みがある

首は短め

鎖骨・肩甲骨は
あまり
目立たない

鎖骨の下の
胸もと付近は
厚みがあり
立体的

太るときは
二の腕や、
胴体が全体的
に太る

バスト
トップ
は高め

腰の
位置は
高め

腰まわりは
丸い

肌に弾力と
ハリがある

筋肉が
つきやすい

似合うファッションアイテム

パリッとしたシャツ、Ｖネックニット、タイトスカート、センタープレスパンツなど、シンプル＆ベーシックで直線的なデザイン。

似合う着こなしのポイント

Ｖネックで胸もとをあける、腰まわりをすっきりさせる、サイズやウエスト位置はジャストにする、Ｉラインシルエットにする、など。

似合う素材

コットン、ウール、カシミヤ、シルク、表革など、ハリのある高品質な素材。

似合う柄

チェック、ストライプ、ボーダー、大きめの花柄など、直線的な柄やメリハリのある柄。

ウェーブ *Wave* タイプ

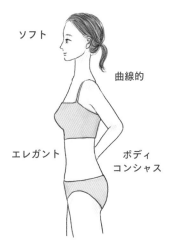

ソフト

曲線的

エレガント　　ボディ
　　　　　　　コンシャス

どんなタイプ？

華奢な体とふわふわやわらかい肌質が魅力のウェーブタイプ。曲線的なデザインや装飾のあるデザインで「足し算」を意識すると、体にほどよくボリュームが出て、エレガントさが際立ちます。

体の特徴

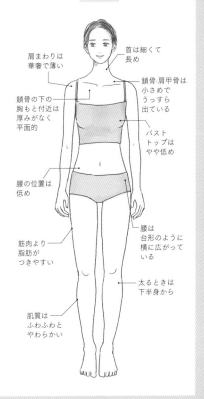

肩まわりは
華奢で薄い

首は細くて
長め

鎖骨・肩甲骨は
小さめで
うっすら
出ている

鎖骨の下の
胸もと付近は
厚みがなく
平面的

バスト
トップは
やや低め

腰の位置は
低め

腰は
台形のように
横に広がって
いる

筋肉より
脂肪が
つきやすい

太るときは
下半身から

肌質は
ふわふわと
やわらかい

似合うファッションアイテム

フリルや丸首のブラウス、プリーツやタックなど装飾のあるフレアスカート、ハイウエストのワンピースなど、ソフト＆エレガントで曲線的なデザイン。

似合う着こなしのポイント

フリルやタックで装飾性をプラスする、ハイウエストでウエストマークをして重心を上げる、フィット（トップス）＆フレア（ボトムス）のXラインシルエットにする、など。

似合う素材

ポリエステル、シフォン、モヘア、エナメル、スエードなど、やわらかい素材や透ける素材、光る素材。

似合う柄

小さいドット、ギンガムチェック、ヒョウ柄、小花柄など、小さく細かい柄。

ナチュラル Natural タイプ

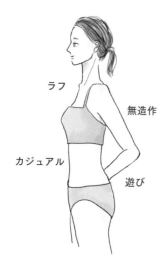

ラフ

無造作

カジュアル

遊び

どんなタイプ？

しっかりした骨格と長い手足が魅力のナチュラルタイプ。ゆったりシルエットや風合いのある天然素材で「足し算」を意識すると、骨格の強さとのバランスがとれて、こなれた雰囲気に仕上がります。

体の特徴

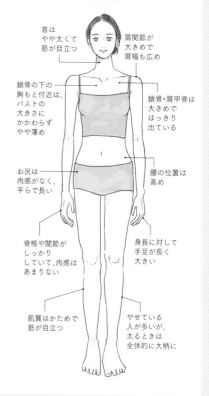

首は
やや太くて
筋が目立つ

肩関節が
大きめで
肩幅も広め

鎖骨の下の
胸もと付近は、
バストの
大きさに
かかわらず
やや薄め

鎖骨・肩甲骨は
大きめで
はっきり
出ている

お尻は
肉感がなく、
平らで長い

腰の位置は
高め

骨格や関節が
しっかり
していて、肉感は
あまりない

身長に対して
手足が長く
大きい

肌質はかためで
筋が目立つ

やせている
人が多いが、
太るときは
全体的に大柄に

似合うファッションアイテム

麻のシャツ、ざっくりニット、ワイドパンツ、マキシ丈スカートなど、ラフ＆カジュアルでゆったりとしたデザイン。

似合う着こなしのポイント

ボリュームをプラスしてゆったりシルエットをつくる、長さをプラス＆ローウエストにして重心を下げる、肌をあまり出さない、など。

似合う素材

麻、コットン、デニム、コーデュロイ、ムートンなど、風合いのある天然素材や厚手の素材。

似合う柄

大きめのチェック、ストライプ、ペイズリー、ボタニカルなど、カジュアルな柄やエスニックな柄。

Chapter 1

夏 × ストレートタイプの
魅力を引き出す
ベストアイテム

1

スカイブルーのシャツ

スカイブルーは、夏×ストレートタイプの洗練されたさわやかさを際立たせる代表カラー。空の色を身にまとえば、心も体もすっと軽くなって、自然と口角が上がります。シャツを選ぶときは、装飾のないシンプルなデザイン、ハリのある綿素材、"ぴったり"でも"ゆったり"でもない適度なフィット感で、上半身をすっきり見せるのが鉄則。ベーシックなシャツほど洗練されて見えるのはストレートタイプならでは。

Shirt / THE STANDARD

空の色をまとって
心も体もすっきり軽やかに

2

ストライプのシャツワンピース

全身の縦ラインを強調してくれるストライプのワンピースは、ストレートタイプにぴったり。1枚で着ても、前をあけてアウターとして羽織ってもOKの秀逸アイテムです。1枚で着るときは第1〜2ボタンをあけてネックラインをVにすると、首がほっそり見えます。色はさわやかなライトブルー×ホワイトがおすすめ。ホワイトのカーディガンとスニーカーで清潔感を、ブルーの反対色であるブラウン系のバッグでおしゃれ感をプラス。

One piece / ZARA
（編集部私物）

さわやかなストライプで
おしゃれとスタイルアップを
同時に叶える

3

ネイビーのセンタープレスパンツ

夏×ストレートタイプのパンツ選びは、ブラック
よりネイビーを推奨。夏タイプのベーシックカ
ラー（定番色）であるソフトネイビーなら、もと
もともっている知的で上品な雰囲気をさらに引き
立ててくれるうえに、着まわし力も抜群です。脚
長効果を狙うなら、縦ラインが強調されるセン
タープレス入りのものを。ハリのある素材、適度
なゆとりのあるシルエット、タックのないデザイ
ンで、お腹まわりから足首まで抜かりなくスタイ
ルアップ。

Pants / Attenir

品格を最上級に高める
大人のパンツスタイル

4

ひと粒パールのピアス
みぞおちの長さのシルバーネックレス

ピアスやイヤリングのおすすめはひと粒パール。色はオフホワイトや淡いピンク、サイズは8mm以上のものを選ぶとちょうどいい存在感を放ちます。ネックレスは、ブルーベースの肌の透明感がさらにアップするシルバーカラーを。ストレートタイプの場合、みぞおちにかかるくらいの長さにすると全体の重心バランスが整います。やさしい顔立ちの多い夏タイプには、少し曲線の入ったデザインが好相性。

Earrings, Necklace /
VENDOME AOYAMA

シンプルな輝きが
いちばん私を美しくする

鉄則

ローズピンクの洗練メイク

ピンクはピンクでも、夏×ストレートタイプの魅力を最も引き出すのは「甘くないピンク」のメイク。青みがかったローズピンク系のなかでも、少し濁りのあるニュアンスカラーにすると、夏タイプの肌になじんで上品かつさわやかに仕上がります。チークとリップをローズピンクにしたら、アイシャドウはベビーピンクにグレーがかった赤みブラウンのグラデーションを重ねてエレガントに。

アイシャドウ / DIOR バックステージ アイ パレット 002 クール
チーク / ADDICTION アディクション ザ ブラッシュ 007P Sky Flower（P） スカイフラワー
リップ / SUQQU シアー マット リップスティック 03 青玉 SEIGYOKU

甘くないピンクで
透明感あふれる洗練顔に

夏×ストレートはどんなタイプ？

"シンプル"で誰よりも洗練される

シンプルなアイテム、シンプルな着こなしでも、たちまち洗練されて見えるのが夏×ストレートタイプの魅力。夏タイプがもつ上品さと、ストレートタイプがもつリッチな雰囲気、その素材のよさを最大化してくれるのは、余計な足し算をしないシンプルでベーシックな装いです。

イメージワード

洗練された、理知的、さわやか、上品

夏×ストレートタイプの有名人

石原さとみ、吉高由里子、ミナ（TWICE）、松嶋菜々子
（※写真での診断によるものです）

夏タイプの特徴　　　　　　　ストレートタイプの特徴

・ブルーベース、高明度、低彩度、マット
・エレガントでやさしい色が似合う

・グラマラスでメリハリのある体
・シンプルでベーシックなアイテムが似合う

似合う色、苦手な色

夏タイプに似合う色

夏タイプに属する色は、夏タイプ以外の方が身につけると顔色が抜けて青白く見えてしまいます。一方で、もともと血色のいい夏タイプの方が身につけると、青白くならずに肌の透明感がアップ。

ストレートタイプの方には、洗練度がより高まるブルー系の色がとくにおすすめです。

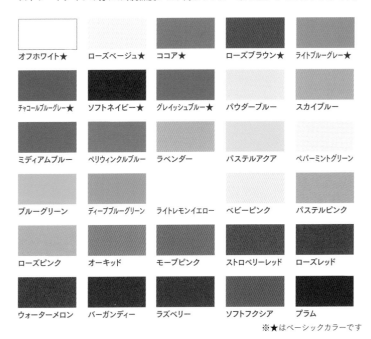

オフホワイト★	ローズベージュ★	ココア★	ローズブラウン★	ライトブルーグレー★
チャコールブルーグレー★	ソフトネイビー★	グレイッシュブルー★	パウダーブルー	スカイブルー
ミディアムブルー	ペリウィンクルブルー	ラベンダー	パステルアクア	ペパーミントグリーン
ブルーグリーン	ディープブルーグリーン	ライトレモンイエロー	ベビーピンク	パステルピンク
ローズピンク	オーキッド	モーブピンク	ストロベリーレッド	ローズレッド
ウォーターメロン	バーガンディー	ラズベリー	ソフトフクシア	プラム

※★はベーシックカラーです

夏タイプが苦手な色

やさしい顔立ちの方が多いので、強すぎるビビッドカラーは色だけが浮いてしまいマッチしません。暗すぎる色、キャメルやカーキ系など黄みの強い色も、顔が暗くなったり黄色くくすんだりします。暗い色でもソフトネイビーは似合う色なので、フォーマルな場などではアクセサリーで顔に光を集めながら身につけましょう。

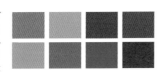

色選びに失敗しないための基礎知識

色の「トーン」のお話

　実際に服やコスメを選ぶときは、39ページの似合う色のカラーパレットと照らし合わせると選びやすいと思います。

　ここからは、「カラーパレットにない色を選びたい」「似合う色を自分で見極められるようになりたい」という方のために、ちょっと上級者向けの色のお話をしますね。

　下の図は、色を円環状に配置した「色相環」という図です。これは、赤・緑・青などの「色相」（色味の違い）を表しています。この色相環をもとに、ベースの色味が決まります。

　ただ、色の違いは色相だけでは説明できません。同じ赤でも、明るい赤や暗い赤、鮮やかな赤やく

すんだ赤があるように、色には「明度」（明るさ）や「彩度」（鮮やかさ）という指標もあります。

　明度や彩度が異なることによる色の調子の違いを「トーン」と呼んでいます。右ページ下の図は、色相とトーンをひとつの図にまとめたもの。

　「ビビッド」は純色と呼ばれる、最も鮮やかな色。そこに白を混ぜていくと、だんだん高明度・低彩度に。黒を混ぜていくと、だんだん低明度・低彩度になります。

　白か黒を混ぜるだけでは色は濁らずクリア（清色）ですが、グレー（白＋黒）を混ぜるとマット（濁色）になります。

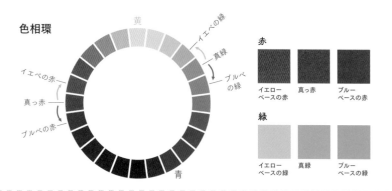

色相環

黄

イエベの緑

真緑

ブルベ
の緑

イエベの赤

真っ赤

ブルベの赤

青

赤

イエローベースの赤	真っ赤	ブルーベースの赤

緑

イエローベースの緑	真緑	ブルーベースの緑

夏タイプに似合う色のトーンは？

　個人差はありますが、下のトーン図でいうと、lt（ライト）、ltg（ライトグレイッシュ）、sf（ソフト）、d（ダル）、s（ストロング）が夏タイプに似合いやすい色。このなかでも青みのある色を選べば OK です。

　夏タイプの方は、グレーが混ざっていない清色を身につけるとよりさわやかな印象に、濁色を身につけるとより上品な印象になります。

ベース（色相）　イエロー ─ ブルー　You!

明るさ（明度）　明るめ ─ 暗め　You!

鮮やかさ（彩度）　高め ─ 低め　You!

クリア or マット（清濁）　クリア ─ マット　You!

トーン図

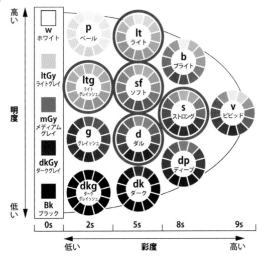

第一印象は「フォーカルポイント」で決まる

フォーカルポイントとは？

おでこから胸もとまでの約30cmのゾーンを「フォーカルポイント」（目を引く部分）といいます。私たちは人と対面するとき、相手のフォーカルポイントを見てその人がどんな人かを無意識に判断しています。

つまり、顔だけでなく「服のネックライン」までもが第一印象を左右するということ。

「似合う」を手軽に、でも確実に手に入れるためには、顔まわりにパーソナルカラーをもってくることと同時に、服のネックラインにこだわることがとても大切なんです。

似合うフォーカルポイントのつくり方

似合うネックラインと、苦手なネックライン。それは、骨格タイプによって決まります。

体に立体感があるストレートタイプの方は、フォーカルポイントもすっきりさせることが鉄則。そのため、首もとがあいていない服やタートルネックではなく、ネックラインがあいた服を選ぶのがおすすめです。

バストが豊かな方は、デコルテが見えるくらい大きくあいたデザインを。

バストが豊かで、かつ首が短めな方は、縦方向に大きくあいたVネックを。

ストレートタイプは直線的なデザインが似合いますが、顔に丸みのある方は、Uネックやハートシェイプなど曲線的にあいたネックラインがマッチします。

でも、冬の寒い日など、首もとをしっかり防寒したいときもありますよね。

そんなときは、厚手のタートルネックは避けて、薄手の折り返しがないハイネックニットを。その上からみぞおちの長さのネックレスをしてVラインを強調すると、Vネックの服を着ているときと似た効果が得られます。

ネックラインのほか、フォーカルポイントに近いスリーブ（袖）ラインも、肩まわりや二の腕の印象に影響を与えます。ネックラインに加えて意識するとさらに効果的！

読者様限定
プレゼント

パーソナルカラー×骨格診断別
似合わせBOOK

海保麻里子:著

特別無料
動画配信

著者でカラリストの海保麻里子先生が、
骨格タイプ別のおすすめブランドを
ご紹介します。

LINE登録するだけ!

【動画の視聴方法】

サンクチュアリ出版の公式LINEを
お友だち登録した後、トーク画面にて、
<u>似合わせBOOK</u>
と送信してください。

自動返信で、視聴用のURLが届きます。
動画が届かない、登録の仕方がわからないなど不明点がございましたら、
kouhou@sanctuarybooks.jpまでお問い合わせください。

似合う！

しっくり
こない……

Vネックのニットなら、首やデコルテがすっきり！　夏タイプに似合う、黄みのないグレーで上品に。

首もとがあいていないと、首が短く、ずんぐりとした印象に。黄みの強い色、ふわふわとした素材も苦手。

［夏×ストレートタイプ］**似合うネックライン**

Vネック

Uネック

スクエアネック

シャツカラー

ラウンドネック

ハイネック

［夏×ストレートタイプ］**似合うスリーブライン**

半袖

ロールアップスリーブ

体の質感でわかる、似合う素材と苦手な素材

高品質素材が似合うストレートタイプ

　骨格診断でわかるのは、似合うファッションアイテムの「形」と「素材」。形だけでなく素材もまた、似合う・似合わないを決める重要なポイントです。

　ストレートタイプは、肌に弾力があって比較的筋肉質の方が多いタイプ。体の質感がリッチなので、それに負けないくらいのハリと適度な厚みがある高品質素材が似合います。

　たとえば綿100%のシャツ。ブロードと呼ばれる、目の詰まった平織りの生地などは、上質で品がありストレートタイプにぴったり。

　そのほか、目の詰まったハイゲージニット、ハリのあるシルク100%のブラウス、丈夫なギャバジン生地のトレンチコートなどもおすすめ。夏に麻素材が着たくなったら、ポリエステル混などのしっかりした生地のものを選ぶといいですよ。

　きれいめな素材が得意なストレートタイプですが、厚手のデニムやハリのあるスウェット生地でカジュアルスタイルを楽しむのもすてきです。

体の質感に負けるのはどんな素材？

　やわらかい素材や薄手の素材、透ける素材は、リッチな体の質感とマッチせずチープな印象に。ざっくりと編まれたローゲージニットは体の立体感が増し、ボディフィットタイプのストレッチ素材は体のラインを拾いすぎてしまいます。

　高品質素材が似合うとはいえ、最近はリーズナブルでおしゃれな服がたくさん出ていて気になりますよね。そんなときはぜひ素材感がよく見える「濃いめの色」を選んでください。夏タイプなら、ソフトネイビーがおすすめです。

　なかには、ストレートタイプだけど肌がやわらかい、ウェーブタイプがミックスしている方も。その場合、パリッとした高品質素材がしっくりこないかもしれません。

　そんなときはポリエステル素材もOK。できるだけハリのあるものを選んでみると、肌質になじみやすいと思います。

ストレートタイプに似合う素材

コットン

ウール

革

デニム

サテン

コーデュロイ

ストレートタイプに似合う柄

ストライプ

ボーダー

花柄

ボタニカル

アーガイル

ドット

重心バランスを制すると、
スタイルアップが叶う

自分の体の「重心」はどこにある？

　骨格タイプごとにさまざまな体の特徴がありますが、大きな特徴のひとつに「重心」の違いがあります。骨格診断でいう重心とは、体のなかでどこにボリュームがあるかを示す言葉。

　ストレートタイプは、胸もとに立体感がありバストトップの高い方が多いので、横から見るとやや上重心ですが、基本的に偏りはなく「真ん中」。

　ウェーブタイプは、バストトップや腰の位置が低く、腰の横張りがある「下重心」。

　ナチュラルタイプは、肩幅があって腰の位置が高く、腰幅の狭い「上重心」の方が多いです。

　自分の体の重心がどこにあるかを知り、服や小物で重心を移動させてちょうどいいバランスに調整する。これが、スタイルアップの秘訣です！

ストレートタイプに似合う重心バランス

　重心バランスを調整するためにまずチェックしたいのが、「ウエスト位置」と「トップスの着丈」。ストレートタイプはもともと重心が真ん中にあるため、重心を上げたり下げたりする必要はありません。

　ウエスト位置はジャスト。トップスの着丈も、腰骨に少しかかる程度のジャスト丈がおすすめ。

　ハイウエストにしたほうが脚長効果があるように感じるかもしれませんが、じつはストレートタイプの場合は逆効果。トップスをインして高い位置でウエストマークしたり、着丈の短いトップスを着たりすると、胸もとが詰まってバランスが悪く見えます。反対に、着丈の長いトップスを着ると、胴が間延びして見えます。

　重心バランスには、服だけでなく小物も関係します。

　バッグは、もつ位置によって重心を上下させることが可能。ストレートタイプは重心を移動させる必要がないので、トートバッグもハンドバッグもふつうにもてば OK です。

　靴は、ボリュームによって重心を上下させます。ストレートタイプは、ボリュームのある靴や華奢な靴は避けて、シンプルな靴を選べば大丈夫。

　ネックレスの長さも抜かりなく！　長すぎず短すぎず、みぞおちくらいの長さのものを選ぶと、ちょうどいいバランスに仕上がります。

結論！
夏×ストレートタイプに似合う
王道スタイル

上品な夏カラーの
シンプル
ベーシックスタイル

シルバーアクセで
肌の透明感をアップ

夏タイプのやさしい
顔立ちに合わせて、
アクセは
曲線の入ったものを

夏タイプの
パーソナルカラーで
上品に

Vネックで首もとを
あけてすっきりと

トップスの着丈は
少し腰骨に
かかるくらいの
ジャスト丈

ウエスト位置を
ジャストにキープ

"ぴったり"でも
"ゆったり"でもない
適度なフィット感

きれいめ素材

ポインテッドトゥの
ベーシックパンプス

Iラインシルエット

パーソナルカラーと骨格診断に合っていないものを着ると……

イエローベースの色は、顔が黄ぐすみする原因

首もとが詰まってずんぐり見える

しわ感のある素材やオーバーサイズがだらしない印象

重心が下がってバランスがイマイチ

苦手はこう攻略する！

Q. 苦手な色のトップスを着たいときは？

A1. セパレーションする

苦手な色を顔から離す方法が「セパレーション」。首もとに似合う色のネックレスやスカーフをするなど、似合う色を少しでも顔まわりにもってくることが大切。セパレーションが難しいタートルネックは似合う色を選ぶことをおすすめします。

A2. メイクは似合う色にする

メイクの色は顔に直接的な影響を与えます。苦手な色のトップスの影響を和らげるには、アイシャドウ・チーク・リップを似合う色で徹底！

Q. 暗い色のトップスを着たいときは？

A. アクセサリーで顔に光を集める

夏タイプの方は暗すぎる色が苦手なので、代わりにピアス・イヤリングやネックレスで顔に光を集めましょう。真っ白すぎず黄みがありすぎないオフホワイトのパールがおすすめ。

Q. 鮮やかな色のトップスを着たいときは？

A. 黒縁メガネをかける

やさしい顔立ちの方が多い夏タイプ。ビビッドな色や黒のトップスを着たいときは、顔の印象が色に負けないように黒縁メガネをかけると、ちょうどいいバランスに。

夏×ストレートタイプのベストアイテム12

　ここからは、夏×ストレートタイプの方におすすめしたいベストアイテム12点をご紹介。夏×ストレートタイプの魅力を最大限に引き出してくれて、着まわし力も抜群のアイテムを厳選しました。

　これらのアイテムを使った14日間のコーディネート例もご紹介するので、毎日の着こなしにぜひ活用してください。

BEST ITEM 1

オフホワイトのVネックTシャツ

1枚で着たりインナーにしたりとオールシーズン活躍するTシャツは、Vネックのベーシックなデザインが◎。定番アイテムこそ、自分に似合う1着をこだわって選んでおくと、コーディネートしやすくなります。

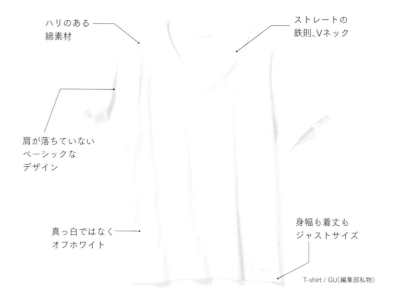

ハリのある
綿素材

ストレートの
鉄則、Vネック

肩が落ちていない
ベーシックな
デザイン

真っ白ではなく
オフホワイト

身幅も着丈も
ジャストサイズ

T-shirt / GU（編集部私物）

ネイビーのボーダーTシャツ

コーディネートのアクセント用にもっておきたい柄アイテム。ストレートタイプには直線的なボーダーがおすすめ。コントラストが強すぎないネイビーで、適度な太さのボーダーを選ぶと、夏タイプのソフトな雰囲気に合います。

肩が落ちていない
ベーシックなデザイン

白地に適度な
太さのボーダー

身幅も着丈も
ジャストサイズ

ボーダーは
ネイビーなどの
ブルー系

Tops / SHEIN

スカイブルーのシャツ

ストレートタイプが得意なシャツは、定番の白ではなく、夏×ストレートタイプに似合う代表カラーのスカイブルーをチョイス。上品な差し色になります。組み合わせるアイテムによって、きれいめはもちろんカジュアルにも使えて便利。

ハリのある
綿素材

洗練度と
さわやかさが
アップする
スカイブルー

第1〜2ボタンまで
あけてVネックラ
インをつくる

装飾のないシン
プルなデザイン

大きすぎず
小さすぎない適度な
フィット感

Shirt / THE STANDARD

グレーのハイゲージVネックニット

デイリーにもオフィスにもマッチする万能ニット。イチオシは、品のある
グレーのハイゲージニットです。ベーシックなアイテムでも地味にならず
洗練されて見える、夏×ストレートタイプの特権を存分に楽しめる1着。

着まわしやすくて
上品なグレー

もちろん
Vネック！

目の詰まった
ハイゲージ

腰骨に少しかかる
程度のちょうど
いい着丈

大きすぎず
小さすぎない適度な
フィット感

Knit / UNIQLO（編集部私物）

オフホワイトのタイトスカート

ストレートタイプにおすすめのスカートは、Iラインシルエットに仕上がるタイトスカート。ウエスト芯があるタイプなら、シャツをインしても腰まわりがもたつきません。色は、コーディネートが軽くなるオフホワイトを。

ウエスト芯あり ——

ギャザーや
タック入りは、
腰まわりに
ボリュームが
出るので避ける

Iラインシルエット ——
をつくる
タイトスカート

オフホワイトで ——
コーディネート
に軽さを

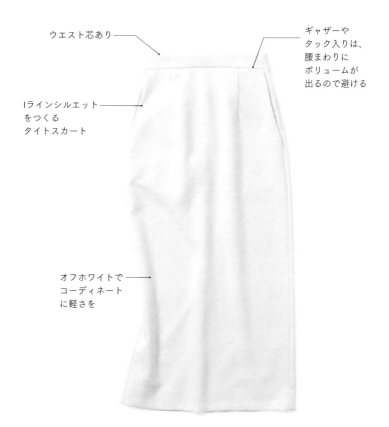

Skirt / maison de Dolce.

ネイビーのセンタープレスパンツ

ネイビーのセンタープレス入りのパンツで脚長に。パンツスタイルがカッコよく決まるのはストレートタイプならでは。膝下の細い部分に合わせてスリムなものを選ぶと、筋肉のつきやすい太もも部分がピタピタになるので注意。

夏タイプは
ブラックより
ソフトネイビー

タック入りは、
腰まわりに
ボリュームが
出るので避ける

センタープレスが
入ったデザイン

適度なゆとりの
あるストレート
シルエット

足首が
少しだけ覗く9分丈

Pants / Attenir

ライトブルーのストライプシャツワンピース

縦ラインを強調するストライプのワンピースは、ストレートタイプのスタイルアップの心強い味方。さわやかで清潔感のあるライトブルーがおすすめです。スカートスタイルが苦手な方は、ボタンをあけてデニムパンツなどに羽織って。

ハリのある素材

第1〜2ボタンまであけてVネックラインをつくる

ストレートにぴったりのシャツタイプ

コントラストが強すぎない、ライトブルーの太すぎないストライプ

ベルトはジャストのウエスト位置で結ぶ

One piece / ZARA（編集部私物）

ネイビーのテーラードジャケット

さまざまなデザインのジャケットがありますが、ストレートタイプの鉄板は王道のテーラードジャケット。腰骨丈で、胸もとに深いVゾーンができるシングルタイプを選びます。素材は上質なギャバジン、色はパンツと同じくネイビーで。

夏タイプに
マッチする
知的なネイビー

深いVゾーンが
できるシングル
タイプ

ウールギャバジン
などのしっかり
した素材

長すぎず
短すぎない袖丈

長すぎず短すぎない
腰骨丈

Jacket / 著者私物

赤みベージュのレザートート

バッグを選ぶときは、リッチな肌質と体型に負けないレザー（表革）素材を。合皮でもOKですが、しっかりしていて上質そうなものを選ぶのがポイント。A4以上の大きめサイズで、直線的な四角いデザイン、マチのあるタイプがベスト。

上質なレザー素材

A4以上の大きめサイズ

マチあり

四角くてシンプルなデザイン

夏タイプに似合うのは、黄みではなく赤みのあるベージュ

Bag / BONAVENTURA

赤みベージュのレザーパンプス

バッグの選び方と同様に、靴も上質なレザー素材が基本。ポインテッドトゥ、太すぎず細すぎないヒール、装飾のないデザインのパンプスがおすすめ。バッグより明るめの赤みベージュなら、一緒にとり入れても重くなりません。

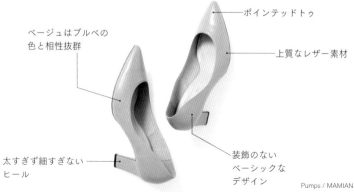

ポインテッドトゥ

ベージュはブルベの色と相性抜群

上質なレザー素材

太すぎず細すぎないヒール

装飾のないベーシックなデザイン

Pumps / MAMIAN

BEST ITEM 11

ひと粒パールのピアス
みぞおちの長さのシルバーネックレス

ブルーベースの肌にはシルバーアクセサリーがマッチ。パールのピアス・イヤリングで顔に光を集め、みぞおちの長さのネックレスでVゾーンを演出。直線的なデザインが得意なストレートタイプですが、夏タイプには少しソフトなデザインが似合います。

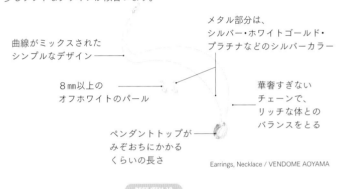

曲線がミックスされた
シンプルなデザイン ——

—— 8mm以上の
オフホワイトのパール

メタル部分は、
シルバー・ホワイトゴールド・
プラチナなどのシルバーカラー

華奢すぎない
チェーンで、
リッチな体との
バランスをとる

ペンダントトップが ——
みぞおちにかかる
くらいの長さ

Earrings, Necklace / VENDOME AOYAMA

BEST ITEM 12

シルバーの腕時計

手首をさりげなく飾る腕時計も、機能性だけでなく色や形にこだわってコーディネートを楽しみましょう！　夏×ストレートタイプに似合うのは、レザーやシリコンよりメタル製。シルバーカラーと主張しすぎない文字盤で上品に。

シルバーカラーの ——
メタル素材

—— 文字が太すぎない上品な
ローマンインデックス

シンプルな ——
デザイン

Watch / Cartier（編集部私物）

着まわしコーディネート14Days

　自分に本当に似合うものを選ぶと、「最小限のアイテム」で「最高に似合うコーディネート」をつくることができるようになります。

　先ほどのベストアイテム12点をベースに、スタイリングの幅を広げる優秀アイテムをプラスして、夏×ストレートタイプに似合う14日間のコーディネート例をご紹介します。

BEST ITEM

① オフホワイトのVネックTシャツ

② ネイビーのボーダーTシャツ

③ スカイブルーのシャツ

④ グレーのハイゲージVネックニット

⑤ オフホワイトのタイトスカート

⑥ ネイビーのセンタープレスパンツ

⑦ ライトブルーのストライプシャツワンピース

⑧ ネイビーのテーラードジャケット

⑨ 赤みベージュのレザートート

⑩ 赤みベージュのレザーパンプス

⑪ ひと粒パールのピアス／みぞおちの長さのシルバーネックレス

⑫ シルバーの腕時計

切手を
お貼り下さい

113-0023

東京都文京区向丘2-14-9

サンクチュアリ出版

『パーソナルカラー夏×骨格診断ストレート
似合わせBOOK』
読者アンケート係

ご住所	〒□□□-□□□□	
TEL※		
メールアドレス※		
お名前		男 ・ 女
		（　　　歳）

ご職業

1 会社員　2 専業主婦　3 パート・アルバイト　4 自営業　5 会社経営　6 学生　7 その他

ご記入いただいたメールアドレスには弊社より新刊のお知らせや イベント情報などを送らせていただきます。 希望されない方は、こちらにチェックマークを入れてください。	メルマガ不要 □

ご記入いただいた個人情報は、読者プレゼントの発送およびメルマガ配信のみに使用し、
その目的以外に使用することはありません。

※プレゼント発送の際に必要になりますので、必ず電話番号およびメールアドレス、
　両方の記載をお願いします。

弊社HPにレビューを掲載させていただいた方全員にAmazonギフト券（1000円分）をさしあげます。

『パーソナルカラー夏×骨格診断ストレート　似合わせBOOK』
読者アンケート

本書をお買上げいただき、まことにありがとうございます。
読者サービスならびに出版活動の改善に役立てたいと考えておりますので
ぜひアンケートにご協力をお願い申し上げます。

■**本書はいかがでしたか？**　該当するものに○をつけてください。

最悪	悪い	普通	良い	最高
★	★★	★★★	★★★★	★★★★★

■**本書を読んだ感想をお書きください。**

A オフホワイトのカーディガン
Cardigan / 編集部私物

B 青みレッドのニット
Knit / 編集部私物

C ネイビーのジレ
Gilet / Attenir

D インディゴデニムのパンツ
Denim / L.L.Bean

E ネイビーのトレンチコート
Coat / 編集部私物

F グレーのチェスターコート
Coat / 編集部私物

バッグ

Bag / (上から) L.L.Bean、
Tory Burch（著者私物）、SHEIN

靴

Boots / 編集部私物、
Sneakers / CONVERSE、
Loafers 左 / FABIO RUSCONI、
Loafers 右 / WASHINGTON

アクセサリー

Earrings（楕円）/ GU（編集部私物）、
Earrings（フープ大・小）/ 編集部私物、
Necklace（シルバーモチーフつき）/
EUCLAID、Necklace（パール）/
VENDOME AOYAMA、Watch / SHEEN

メガネ・サングラス

Sunglasses / Zoff（編集部私物）、
Glasses（上ブラック×グレー）/ Zoff、
（中ブラウン）/ 編集部私物、（下ネイ
ビー）/ メガネの愛眼

そのほかの小物

Hat / 編集部私物、
Scarf / CELINE（著者私物）、
Stole（上赤×ネイビーチェック）/
Ralph Lauren（著者私物）、
（中ブルーチェック）/ 編集部私物、
（上ブルー無地）/ 編集部私物

Day1

ブルーを味方につけて、思いきりさわやかに

スカイブルーのシャツを主役に、ネイビーのジレとインディゴデニムのパンツをプラス。ブルー系の濃淡でまとめた、夏×ストレートタイプらしい清潔感あふれるコーディネートです。バッグと靴は、ブルーの反対色であるベージュとブラウンの濃淡で抜け感を。鮮やかなトリコロールカラーのスカーフをアクセントに加えれば、洗練度がさらにアップ。

③＋⑨＋⑫＋C＋D

仕事もプライベートもアクティブに楽しむ！

Day2

きれいめなネイビーのセンタープレスパンツも、レッドの面積を増やせばアクティブな雰囲気に。オフホワイトの小物で軽やかさを、腰に巻いたグレーのニットで品をさりげなくプラス。配色のワザで、印象は自由自在！　日中は仕事で外を歩きまわって、夜は仲間とカジュアルな食事会。そんな忙しい1日にぴったりです。

④ + ⑥ + ⑫ + Ｂ

フォーマルな
ジャケットスタイルは
色で遊ぶ

Day3

ジャケットをおしゃれにアレンジしたい日は、積極的に色をとり入れて。ネイビー3：オフホワイト4：スカイブルー1のメリハリ配色で動きと抜けをつくり、ブルーの反対色であるベージュの小物で美しく整えます。スカーフは、シャツの色味に近いライトブルー×バッグと靴の色味に近い鮮やかな黄色の柄。色がきいているのにまとまりも完ぺき！

③ + ⑤ + ⑧ + ⑨ + ⑩ + ⑪

Day4

どんな服にも合わせやすいネイビーのジレ。ボーダーTシャツやスニーカーに合わせて、カジュアルスタイルを大人っぽく仕上げるのはいかが？ マリンな雰囲気が香るネイビー×オフホワイトの組み合わせは、夏のお出かけにおすすめ。メイクは思いきって赤リップをチョイスすると、いいアクセントになります。

②＋⑤＋C

カジュアルを着たい日の、大人のマリンコーデ

Day5

初夏の日差しに映えるシャツワンピースで、友人と気になっていた表参道のカフェへ。ブルー×ブラウンの反対色の組み合わせに、涼しげなオフホワイトをとり入れれば、おしゃれな店内に自然とマッチ。シャツの第1～2ボタンはあけて、ウエストリボンはジャスト位置でキープ。ストレートタイプの着こなし方をマスターして、スタイルアップを叶えましょう。

⑦＋⑪＋A

初夏のオープンテラスで友人とおしゃべり

Day6

ネイビーの
セットアップづかいで知的に

ネイビーのジレとパンツは、セットアップ風にして知的に着こなすのもおすすめ。あえてカジュアルなTシャツを合わせて、さわやかに仕上げます。ネイビーが暗めの色なので、同系色の明るいブルー系のスカーフをとり入れて、そよ風のような軽やかさを。存在感のあるシルバーのピアスが顔まわりに光を集めてくれます。

①+⑥+⑨+C

きれいめ
ワンマイルコーデで
近所へお買いもの

Day7

ちょっとそこまで出かけるときは、ラフだけどこなれ感のある着こなしが理想。Tシャツとデニムのシンプルな組み合わせも、シャツワンピースを羽織るだけでおしゃれ＆さわやかに。ストライプの縦ラインでスタイルアップも叶う、簡単なのに効果抜群のテクです。ハットできれいめ感をアップすれば、きちんとしたお出かけにもぴったり。

①+⑦+D

Day8

きれいめオフィススタイルで
信頼度アップ

ほっそりとしたIラインシル
エットをつくり出すVネッ
クニット＋タイトスカート
は、ストレートタイプの鉄板
コーデ。夏タイプなら、ソフ
トな色同士でコントラストを
抑えたやさしい配色にぜひト
ライしてみて。グレー・ホワ
イト・ベージュのベーシック
カラーを選べば、品よくまと
まってオフィスにもなじみま
す。くすみブルーでさわやか
さをプラス。

④ + ⑤ + ⑩

Day9

定番のトラッド系コーデ。シンプルな装いが寂しくならないのは、グラマラスボディのストレートタイプならでは。スカイブルー×ネイビーのブルー系濃淡で品よくまとめたら、小物づかいでさらにおしゃれにアップデート。ベルトと靴はブラックではなくダークブラウンを、バッグはあえてカジュアルなオフホワイトのトートを合わせるとあか抜けます。

③＋④＋⑥＋⑪＋⑫

芸術の秋にまといたい

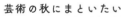

トリコロール

Day10

レッド×ホワイト×ネイビーのトリコロールコーデは、ホワイトの面積を増やすと清潔感アップ。透け感のある赤みダークブラウンのメガネと、赤みベージュのパンプスで、秋の美術館が似合う知的な装いに。カーディガンでつくる胸もとのVゾーン、直線的なチェックのストールなど、骨格的に押さえたいポイントもバッチリ。

⑩＋⑪＋A＋B＋D

Day 11

信頼感のあるネイビーのジャケットとパンツに上品なグレーを合わせて、大切な打ち合わせや面談の場に。ベーシックな色でまとめても夏タイプなら無難にならず、むしろ洗練されます。ネイビーの面積が多い場合は、明るい色で軽さを出すのがコツ。ネイビーと濃淡配色になるブルーのストールや、明るい色の小物をプラスして。

④ + ⑥ + ⑧ + ⑩

この冬は、
赤をシックに着こなす

Day 12

華やかなレッドも、グレーとオフホワイトを合わせればこんなにシックに。パールネックレスで上品な輝きを添え、ブラックのポインテッドトゥの表革ブーツで全体を引き締めます。トートバッグでカジュアルミックスを楽しむのも粋。チェスターコート×タイトスカートは、着膨れしがちな季節にうれしいIラインを演出するおすすめの組み合わせ。

⑤ + ⑪ + Ⓑ + Ⓕ

Day13

ネイビーを着る日は、明るい色を意識的に配置。その際、アイテムの色と色をリンクさせると、全体の調和がとれてグッと洗練されます。スカイブルーのシャツにオフホワイトのカーディガンを合わせたら、小物はホワイト系のバッグと靴、ブルーが入ったストールを。さりげなく覗くベルトも、ストールのなかのブラウンをリンクさせて。

③+⑪+A+D+E

洗練された調和は、色のリンクでつくる

冬空に映える、
スモーキーな
寒色コーデ

Day14

グレーに寒色のブルーやネイビーを合わせると、夏タイプの理知的な雰囲気がより一層際立ちます。なかでもくすみブルーとの配色は、グレイッシュな色同士の組み合わせが品と洗練感を高めてくれるのでおすすめ。バッグはブルーの反対色のベージュを。全体的に淡めの色づかいにすれば、さらに品よくまとまります。

②+⑥+⑨+⑪+A+F

Column

ストレートタイプなのに直線が似合わない!?

　骨格診断をしていると、「体型はストレートなのに、ストレートのアイテムがしっくりこない」という方が時々います。

　その場合、まず考えられる理由は「顔の印象」。たとえば、目が丸い、おでこや頬やフェイスラインに丸みがあるなど、顔のなかに曲線が多く入っている方は、本来ストレートタイプに似合うはずの直線的なアイテムが似合いにくいケースがあるのです。

　パーソナルカラー診断では「似合う色」を、骨格診断では「似合う形と素材」を見極めますが、加えてサロンでおこなっているのが「似合うファッションテイスト」を見極める『顔診断』。

　顔診断では、「顔の縦横の比率」「輪郭が直線的か曲線的か」「目の形や大きさ」などにより、顔の印象を4つのタイプに分類します。

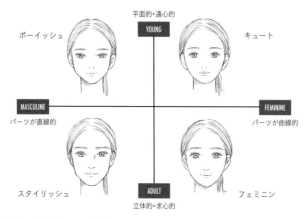

平面的・遠心的 YOUNG

ボーイッシュ　　　　　　　　　　　　キュート

MASCULINE　　　　　　　　　　　　　　FEMININE
パーツが直線的　　　　　　　　　　　　パーツが曲線的

スタイリッシュ　　　ADULT　　　フェミニン
立体的・求心的

顔の印象に近づける、似合わせのコツ

　ストレートタイプなのにストレートのアイテムが似合いにくいのは、曲線的な「キュート」「フェミニン」タイプ。その場合、襟や袖など顔に近いパーツに曲線のディテールを入れると◎。

　子ども顔の「キュート」タイプの方は、ストレートの得意なきれいめアイテムで全身を固めるとしっくりこないことが多いので、カジュアルテイストをとり入れるのがポイント。

　大人顔の「フェミニン」タイプの方は、きれいめなテイストはそのままに、素材をハリのあるポリエステルなど少しやわらかいものにすると、シンプルなシルエットでも似合いやすくなります。

Chapter 2

なりたい自分になる、
夏×ストレートタイプの
配色術

ファッションを
色で楽しむ配色のコツ

　ファッションに色をとり入れるのはハードルが高くて、気がつけばいつも全身モノトーン……。そんな方も多いのではないでしょうか?

　でも、自分のパーソナルカラーを知ったいまならチャレンジしやすいはず。ぜひ積極的に似合う色をとり入れて、バリエーション豊かな着こなしを楽しんでいただきたいなと思います。

　この章からは、色のあるアイテムをとり入れるときに役立つ「配色」のコツをご紹介。

　配色とは、2種類以上の色を組み合わせること。相性のいい色同士もあれば、組み合わせるとイマイチな色同士もあり、配色によって生まれる雰囲気もさまざまです。

　すてきな配色に見せる基本ルールを知っておくと、なりたいイメージやシチュエーションに合わせて自在に色を操れるようになり、ファッションがもっと楽しくなります。

すてきな配色に見せるには

　40ページで、色味の違いを「色相」、明度や彩度の違いを「トーン」と呼ぶとお伝えしました。配色で重要なのは、この「色相」と「トーン」の兼ね合いです。

- **色相を合わせるなら、
  トーンを変化させる。**

- **色相を変化させるなら、
  トーンを合わせる。**

　これが配色の基本セオリー。どういうことなのか、コーディネートに使える6つの配色テクニックとともにくわしく説明していきますね。

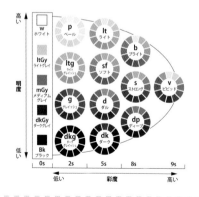

色相を合わせる

色相環で近い位置にある色同士（色味が似ている色同士）を組み合わせるときは、トーンを変化させます。たとえばブルー系の色同士を配色するなら、明度や彩度の異なるブルーを組み合わせる、といった感じ。色相を合わせる配色のことを「ドミナントカラー配色」といいます。

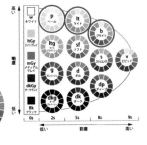

色相環で近い色味でまとめ、トーンは
変化をつけて選択。

トーンオントーン

ドミナントカラー配色のなかでもコーディネートに使いやすいのが「トーンオントーン配色」。トーンのなかで比較的「明度」の差を大きくつける方法です。色相（色味）のまとまりはありながらも、明るさのコントラストがはっきり感じられる配色です。

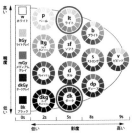

色相環で近い色味（同一も含む）でまとめ、トーンは縦に離す。明度差を大きくとって選択。

トーンを合わせる

色相環で遠いところにある色相同士（色相に共通性がない反対色）を組み合わせるときは、トーンを合わせます。明度や彩度が似ている色同士を組み合わせると、きれいな配色になります。トーンを合わせる配色のことを「ドミナントトーン配色」といいます（実際のコーデで使いやすいように無彩色も含めています）。

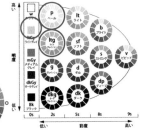

トーン図で近いトーンでまとめ、色相
は変化をつけて選択。

 **配色テクニック③** 色相・トーンを合わせる（ワントーン配色）

色相・トーンともにほとんど差のない色同士をあえて配色することもあります。ファッション用語では「ワントーン」と呼ばれたりもします。専門用語では「カマイユ配色」や「フォカマイユ配色」（カマイユ配色より色相やトーンに少し差をつけた配色）と呼ばれる穏やかな配色で、その場合は異なる素材のアイテム同士を組み合わせるとおしゃれです（実際のコーデで使いやすいように無彩色も含めています）。

色相、トーンともに色相環・トーン図で近い色で選択。

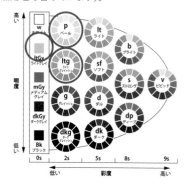

 配色テクニック④ 色相・トーンを変化させる（コントラスト配色）

一方、色相やトーンが対照的な色同士を組み合わせると、コントラストがはっきりした配色になります。代表的な配色としては、2色の組み合わせの「ビコロール配色」、3色の組み合わせの「トリコロール配色」があります。

色相やトーンを、色相環・トーン図で離れた色で選択。夏タイプは鮮やかすぎないsトーンが◯。

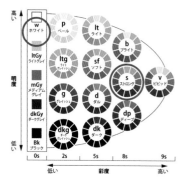

アクセントカラーを入れる

コーディネートが単調で物足りないときに使うといいのが「アクセントカラー」（強調色）。少量のアクセントカラーをとり入れるだけで、配色のイメージが驚くほど変わります。アクセントカラーは、ベースカラーやアソートカラーの「色相」「明度」「彩度」のうち、どれかの要素が大きく異なる色を選ぶのがポイント。

ベース、アソートに対して、反対の要素の色を入れる（この場合は色相環で離れた色＝色相が反対の色）。

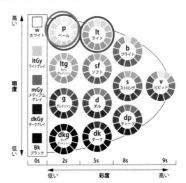

セパレートカラーを入れる

色と色の間に無彩色（白・グレー・黒など色味のない色）や低彩度色（色味の弱い色）を挟む方法。色相・トーンの差が少ない似た色同士の間にセパレートカラーを挟むと、メリハリが生まれます。また、組み合わせると喧嘩してしまうような色同士の間に挟むと、きれいにまとまります。ニットの裾からシャツを覗かせたり、ベルトをしたり、セパレートカラーを使うときは少ない面積でとり入れるのがポイント。

間に明るめのグレーを入れると、2色の色の差が引き立つ。

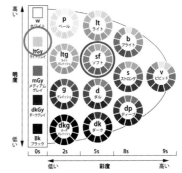

どの色を着るか迷ったときは？
色の心理的効果

自分に似合う色を知っていても、どの色を着ればいいのか迷うことがあるかもしれません。そんなときは、「今日1日をどんな自分で過ごしたいか」から考えてみるのはいかがでしょうか。色によって得られる心理効果はさまざま。色の力を借りれば、新しい自分や新しい日常と出会えるかも！

エネルギッシュに過ごしたい日は
RED レッド

炎や血液を彷彿とさせる、エネルギッシュで情熱的なレッド。大脳を刺激して興奮させる効果があります。

- 自分を奮い立たせて、やる気を出したい日に
- 自信をもって過ごしたい日に
- ここぞという勝負の日に

社交的に過ごしたい日は
ORANGE オレンジ

太陽の光のようにあたたかく親しみがあり、活動的なオレンジ。新しい環境や出会いの場におすすめの色です。

- 積極的にコミュニケーションをとりたい日に
- 陽気な気分で過ごしたい日に
- カジュアルな着こなしをしたい日に

思いきり楽しく過ごしたい日は
YELLOW イエロー

明るく元気なイメージのイエロー。目立ちやすく、人の注意を引く色なので、信号機や標識にも使われます。

- ポジティブに過ごしたい日に
- まわりから注目されたい日に
- 知的好奇心やひらめき力を高めたい日に

リラックスして過ごしたい日は
GREEN グリーン

調和・平和・協調など、穏やかな印象をもつグリーン。自然や植物のように心身を癒やしてくれるヒーリングカラー。

- 心身にたまった疲れを癒やしたい日に
- 些細なことでクヨクヨしてしまう日に
- 穏やかな気持ちでいたい日に

冷静に過ごしたい日は
BLUE ブルー

寒色の代表色で、冷静・信頼・知性などを連想させるブルー。血圧や心拍数を低減させ、気持ちの高揚を鎮める作用があります。

- 心を落ち着かせたい日に
- 考えごとやタスクが多く、焦っている日に
- 理知的な雰囲気を演出したい日に

個性的な自分で過ごしたい日は

PURPLE パープル

古くから高貴な色とされてきた
パープル。正反対の性質をもつ
レッドとブルーからなるため、神
秘的な魅力があります。

・我が道を進みたい日に
・ミステリアスな魅力をまといたい
　日に
・格式高い場所へ行く日に

思いやりをもって過ごしたい日は

PINK ピンク

精神的な充足感を与えてくれるピ
ンク。女性ホルモンであるエスト
ロゲンの働きを高め、肌ツヤを
アップさせる作用も。

・まわりの人たちにやさしくしたい
　日に
・幸福感を感じたい日に
・誰かに甘えたい日に

堅実に過ごしたい日は

BROWN ブラウン

大地のようにどっしりとした安定
を表すブラウン。ダークブラウン
はクラシックなイメージの代表色
でもあります。

・コツコツがんばりたい日に
・自然体でいたい日に
・高級感を演出したい日に

自分を洗練させたい日は

GRAY グレー

日本を代表する粋な色、グレー。
「四十八茶百鼠」という言葉があ
るように、江戸時代の人は 100 種
以上ものグレーを生み出したそう。

・こなれ感を出したい日に
・シックな装いが求められる日に
・控えめに過ごしたい日に

新しいスタートを切りたい日は

WHITE ホワイト

白無垢やウェディングドレス、白
衣など、清く神聖なものに使われ
るホワイト。純粋さや清潔さを感
じさせる色です。

・新しいことを始める日に
・素直でありたい日に
・まわりの人から大切にされたい日に

強い自分でありたい日は

BLACK ブラック

強さや威厳、都会的などのイメー
ジをもつブラック。1980 年代以
降、ファッション界で圧倒的な人
気を誇ります。

・強い意志を貫きたい日に
・プロフェッショナル感を出したい日に
・スタイリッシュな着こなしをした
　い日に

11色で魅せる、
夏×ストレートタイプの配色コーディネート

PINK 1

ロマンティックなのに
甘すぎないオフィスコーデ

ソフトなローズピンクとスモーキーなブルーグリーンは、ロマンティックなムードが漂う配色。反対色の組み合わせですが、トーンが近いので品よくまとまります。ホワイト系のカーディガンや小物でクリーンさもプラス。とろみ素材のトップスは、ストレートタイプでもボディの質感がやわらかい方向け。パンツはセンタープレス入りで縦ラインを強調。

\# ロマンティック配色
\# 甘すぎない大人ピンクコーデ
\# オフィスにおすすめ

②トーンを合わせる

Shirt / Attenir
Cardigan / 編集部私物
Pants / SHOO・LA・RUE
Shoes / RANDA
Bag / 編集部私物
Necklace / VENDOME AOYAMA
Watch / SHEEN
Belt / GU（編集部私物）

シックなワンピスタイルで
ピアノコンサートへ

大人はなかなか着こなしにくいピンクワンピースも、夏タイプに似合うスモーキーなローズピンクならシックに決まります。赤みローズベージュのライダースジャケットやブラックの小物で、辛めに仕上げるとおしゃれ。ストレートタイプにおすすめのライダースは、表革でネックラインがV字になるタイプ。上半身がすっきり見えます。

\# ピンクワンピを着こなす
\# 辛め小物でおしゃれに
\# ライダースはストレートの味方

②トーンを合わせる

⑤アクセントカラーを入れる

One piece / So close,
Jacket / Attenir
Boots / 編集部私物
Bag / SHEIN
Stole / FURLA
Sunglasses / Zoff（編集部私物）
Necklace / VENDOME AOYAMA

似合うピンクの選び方

夏タイプを洗練させるのは、青みのあるソフトなローズピンク。明るいパステル系と、少しグレイッシュなスモーキー系、どちらも肌に透明感が出て似合います。苦手なのはビビッドすぎるショッキングピンク。やさしい顔立ちが色に負けてしまいます。頬に赤みのある方は、黄みの強いサーモンピンクを身につけると赤ら顔に見えたり黄ぐすみしたりしてしまうので、注意が必要。

似合うピンク

ローズピンク　　ベビーピンク　　モーブピンク

苦手なピンク

ショッキングピンク　サーモンピンク　ライトサーモン

PURPLE 1

友人と集まる日は、
色と小物で自分らしく

パープルとネイビーは色相が近いため、
組み合わせるとまとまりが出て上品に。
カジュアルなアイテムでもきれいめな印
象になります。ハット・バッグ・サンダ
ルにはブラックをちりばめて、ストレー
トタイプらしいハンサムなコーデに。
シャツワンピースやバッグの直線的なデ
ザインもスタイルアップ効果あり。個性
を楽しみたい日に。

きれいめハンサムコーデ
直線デザインでスタイルアップ
個性を出したい日に

（①色相を合わせる）

T-shirt / THE SHOP TK（ジレとのセットアイテム）
One piece / JOHN LAWRENCE SULLIVAN（編集部私物）
Denim / L.L.Bean
Sandals / RANDA
Bag / MARHEN.J
Hat / 編集部私物
Earrings / VATSURICA
Belt / GU（編集部私物）

PURPLE 2
パープル

シンプルなアイテムこそ、
色×色にチャレンジ

パープルとグリーンの反対色は、淡めの
トーンで合わせるときれいな配色に。や
さしい色合いが醸し出す柔和な雰囲気
を、オフホワイトのバッグとシルバーの
ポインテッドトゥパンプスで洗練させる
のがおすすめ。ストレートタイプはネッ
クラインのあいたトップスが鉄則です
が、もしあいていない場合はネックレス
でⅤ字やＹ字をつくりましょう。

淡めの反対色コーデ
意外と便利なシルバー小物
Ⅴゾーンはネックレスでつくれる

T-shirt, Pants, Hoodie / KOBE LETTUCE
Shoes / 編集部私物
Bag / U by ungaro
Earrings, Necklace / MISTY

似合うパープルの選び方

パープルは、夏タイプが最も得意とする
カラーのひとつ。ラベンダーやオーキッ
ドは肌の透明感を高め、エレガントな雰
囲気を演出します。ピンクと同様に、ビ
ビッドすぎるパープルは浮いてしまうの
で、やさしいトーンの青紫系や赤紫系が
おすすめ。暗すぎる紫も苦手です。

似合うパープル

ラベンダー

オーキッド

ソフトフクシア

苦手なパープル

スィートバイオレット

ディープバイオレット

ロイヤルパープル

BLUE 1

ブルー

アクティブなボーダーコーデで
海辺をお散歩

ストレートタイプの得意なボーダーＴ
シャツは、１着あると重宝するアイテム。
コントラストが強すぎないブルーのボー
ダーＴシャツとデニムスカートで、夏
タイプらしいさわやかコーデの完成。ホ
ワイトのカーディガンやスニーカーで清
涼感をアップしたら、ブルーの反対色の
イエローをほんの少しプラス。海の日差
しが似合う元気な配色になります。

元気なマリンコーデ
万能ボーダーＴ
イエローの差し色がポイント

⑤アクセントカラーを入れる

T-shirt / UNIQLO（編集部私物）
Cardigan / 編集部私物
Skirt / 編集部私物
Sneakers / CONVERSE
Bag / L.L.Bean
Earrings / 編集部私物

BLUE 2
ブルー

心も体も
リラックスしたい休日に

ブルーとグリーンは気持ちを落ち着かせ
てくれる色。カジュアルテイストの強い
パーカスタイルも、トーンの近いグレ
イッシュな色同士を合わせれば、シック
で穏やかな装いになります。オフホワイ
トの小物で軽さとこなれ感を出して。ス
トレートタイプのパーカ選びは、ハリの
ある上質素材と、大きすぎず小さすぎな
い適度なフィット感がポイント。

シックなスモーキーカラー
きれいめパーカ
肩肘張らないリラックスコーデ

②トーンを合わせる

T-shirt / GU（編集部私物）
Hoodie / Attenir
Pants / SHOO・LA・RUE
Loafers / FABIO RUSCONI
Bag / SHEIN
Earrings / VATSURICA

似合うブルーの選び方

明るくてやさしいトーンのブルーが似合
う夏タイプ。さわやかなスカイブルーか
ら、少しニュアンスのあるグレイッシュ
なブルーまで、幅広く着こなせます。反
対に、ビビッドすぎるブルーは顔のソフ
トな印象とマッチしにくく、黄みの強い
ターコイズブルーは顔が黄ぐすみしやす
い色です。

似合うブルー

スカイブルー　　パウダーブルー　　グレイッシュブルー

苦手なブルー

ターコイズ　　チャイニーズブルー　　ダークターコイズ

WHITE 1
ホワイト

夏のデートは
ホワイト×ブルーで無敵！

大切な人との約束は、ちょっぴり甘め
のオフホワイトのシャツワンピースで。
ピュアなイメージのホワイトに、さわや
かなブルーの濃淡を合わせて、夏×スト
レートの無敵デートコーデのできあが
り。ストレートタイプがフレアスカート
を選ぶときは、ウエストからギャザーが
入っていないものを。A ラインのように
ストンと落ちるデザインなら美シルエッ
トに。

夏に着たい白ワンピ
ピュアでさわやか
フレアスカートは A ライン

①色相を合わせる

⑤アクセントカラーを入れる

One Piece / GRACE CONTINENTAL（著者私物）
Shoes / WASHINGTON
Bag / BONAVENTURA
Scarf / CELINE（著者私物）
Earrings / 編集部私物

WHITE 2
ホワイト

涼しげコーデで
朝からディズニーシーへ

テーマパークで1日中遊ぶ日は、面積
多めのベビーブルー×オフホワイトの涼
しげコーデで。サングラスとかごバッグ
はブルーの反対色のブラウンやベージュ
系、日焼け対策のデニムジャケットはブ
ルーの同系色のネイビーで濃淡配色に。
長め丈のタイトスカートでIラインを強
調すれば、ヒールのないスニーカーでも
スタイルアップが期待できます。

ワザあり配色
ガンガン歩けるコーデ
動きやすさとスタイルアップを両立

①色相を合わせる

⑤アクセントカラーを入れる

T-Shirt / COS（編集部私物）
Jacket / uncrave（編集部私物）
Skirt / maison de Dolce.
Sneakers / CONVERSE
Bag / 編集部私物
Sunglasses / Zoff（編集部私物）
Earrings / VATSURICA
Necklace / EUCLAID

似合うホワイトの選び方

ホワイトにもさまざまな種類がありま
す。夏タイプに似合うのは、少しだけ色
のついたソフトなオフホワイト。アイボ
リーのように黄みが強いと、顔が黄ぐす
みしやすくなります。また、何色も混ざっ
ていない真っ白は、夏タイプの顔立ちに
はちょっと強すぎます。

似合うホワイト

オフホワイト

苦手なホワイト

アイボリー　　　ピュアホワイト

GRAY 1

淡いニュアンスカラーを
全身にまとう

少し濁りのあるやさしいニュアンスカラーで全身をまとめた配色は、夏タイプの上品さをさらに引き立ててくれます。バッグと靴にブルーの反対色を、スカーフに鮮やかなブルーを、アクセサリーにエッジーなシルバーをとり入れて、ぼんやりしすぎない洗練スタイルに。ノーカラージャケットは、テーラードよりやわらかい雰囲気を出したい日におすすめ。

\# スモーキーなニュアンスカラー
\# 小物で洗練度アップ
\# 保護者会や参観日に

②トーンを合わせる

⑤アクセントカラーを入れる

Shirt, Jacket / Attenir
Pants / maison de Dolce.
Pumps / MAMIAN
Bag / BONAVENTURA
Scarf / CELINE（著者私物）
Earrings / GU（編集部私物）
Necklace / EUCLAID

GRAY 2
グレー

仕事がはかどる、
王道配色のハンサムコーデ

夏×ストレートタイプの王道配色を使っ
た、スカイブルーのシャツ×グレーのスト
レートパンツのコーデ。ブルーのもつ
知的なさわやかさと、グレーのもつ洗練
感、どちらもよくばれるオフィスコーデ
です。ブラウンの小物でトラッドテイス
ト、ネイビーの小物で信頼感も足してし
まいましょう。シャツのボタンは上まで
とめず、Vゾーンをつくることを忘れずに。

\# 夏スト王道配色
\# ハンサムオフィスコーデ
\# 色の効果を惜しみなく活用

⑤ アクセントカラーを入れる

Shirt / ENCIRCLE（編集部私物）
Pants / NEWYORKER
Loafers / 卑弥呼
Bag / VIOLAd'ORO
Stole / NEWYORKER
Glasses / Zoff
Earrings / VATSURICA
Belt / GU（編集部私物）

似合うグレーの選び方

グレーは、夏タイプのベーシックカラー
のなかでも外せない色。明るめのグレー
が得意です。ライト〜ミディアムグレー
や、少し青みのあるブルーグレーなど、
どれを合わせてもシックで洗練された印
象に。黄みを含んだグレーや、黒に近い
暗いグレーは苦手な傾向。使うならボト
ムスにとり入れるのがおすすめです。

似合うグレー

ライトグレー　　ミディアムグレー　　ライトブルーグレー

苦手なグレー

ウォームグレー　　チャコールグレー

RED
レッド

いちごミルク配色を
ほどよくクールに

一見難易度が高そうなストロベリーレッド×ローズピンクですが、同系色の濃淡を使ったトーンオントーン配色なのできれいにまとまります。オフホワイトのストールでよりスイートな配色に。甘くしすぎないコツは、スカートではなくパンツを選び、ブラックのポインテッドトゥパンプスを合わせること。胸もとにはネックレスでVゾーンを。

\# いちごミルク配色
\# かわいらしくいたい日に
\# 適度に辛さをプラス

①色相を合わせる

Knit / 編集部私物
Pants / maison de Dolce.
Pumps / RANDA
Bag / 編集部私物
Stole / FURLA
Earrings, Necklace / VENDOME AOYAMA
Watch / SHEEN

似合うレッドの選び方

夏タイプにイチオシのレッドは、ソフトな赤紫系のストロベリーレッド。肌の透明感と同時に華やかさもアップしてくれ、コーディネートのアクセントにぴったりです。暗すぎるワインレッドは顔に影が入り、鮮やかなレッドは強すぎる印象に。オレンジ系の朱色は、赤ら顔に見えてしまうので要注意。

似合うレッド

ストロベリーレッド　ローズレッド　ラズベリー

苦手なレッド

クリアオレンジレッド　ブライトレッド　ワインレッド

YELLOW

トライしやすい、
ネイビー×イエローの万能配色

反対色相のネイビーとイエロー。どんな
明度と彩度で合わせても相性のいい、お
すすめの配色です。オフホワイトのカー
ディガンとバッグでヘルシー＆アクティ
ブさを加えたら、ベルトと靴はイエロー
と色味の近いベージュで落ち着かせると
好バランス。夏タイプが暗い色のトップ
スを着るときは、パールのピアスなどで
顔まわりに光をプラスして。

\# 失敗知らずの万能配色
\# カーデたすきがけ
\# パールで顔まわりに輝きを

④色相・トーンを変化させる

T-shirt / UNIQLO（編集部私物）
Cardigan / 編集部私物
Pants / SHOO・LA・RUE
Shoes / RANDA
Bag / U by ungaro
Earrings / VENDOME AOYAMA
Belt / GU（編集部私物）

似合うイエローの選び方

ブルーベースの夏タイプの方でも似合う
イエローはあります。薄いレモンイエロー
など、黄緑がかったイエローを選ぶのが
ポイント。一方、オレンジに近い山吹色
やマスタードは苦手。顔の赤みが強調さ
れてしまうので気をつけましょう。

似合うイエロー

ライトレモンイエロー　ライムイエロー

苦手なイエロー

ゴールデンイエロー　マスタード　ゴールド

NAVY

図書館へ出かける日の 気負わないスタイル

白パンツはハードルが高い！　そう感じる方も、似合うアイテムをセレクトすれば大丈夫。オフホワイトのセンタープレス入りパンツに、ネイビーのきれいめデニムジャケット、ブルーのストライプシャツで、夏×ストレートタイプのさわやか王道コーデに。イエローのラインがフレッシュなトートバッグは、A4サイズが入る厚手生地のものを。本をたくさん借りても安心です。

\# 白パンツを攻略
\# 知的さわやかコーデ
\# イエローがアクセント

①色相を合わせる

⑤アクセントカラーを入れる

Shirt / GU（編集部私物）
Jacket / uncrave（編集部私物）
Pants / maison de Dolce.
Loafers / WASHINGTON
Bag / L.L.Bean
Glasses / メガネの愛眼
Earrings / VENDOME AOYAMA
Watch / SHEEN
Belt / GU（編集部私物）

似合うネイビーの選び方

ネイビーは全般的に似合う夏タイプ。茄子紺と呼ばれる色に近い、少し青紫を感じるソフトなネイビーがとくに似合います。紫が入ることで、よりエレガントな印象に。ただし、黄みを感じる明るいネイビーは避けたほうがベターです。

似合うネイビー

ソフトネイビー　　　ネイビーブルー

苦手なネイビー

ライトネイビー　　　マリンネイビー

BROWN
ブラウン

上品ワンピで、銀座の隠れ家ビストロへ

ちょっと贅沢なディナーに着ていきたい、スモーキーなココア色のＩラインワンピース。パフスリーブはストレートタイプに似合いにくいとされていますが、二の腕がすっぽり隠れる袖丈で、肩部分が上に膨らんでいなければ OK。みぞおちの長さのパールネックレスとオフホワイトのバッグで明るさを、ワンピースと同系色の濃い赤紫系のスカーフで品のいいアクセントを。

銀座ディナー
ワンピ選びは細部までこだわる
スモーキーカラーはお手のもの

①色相を合わせる

⑤アクセントカラーを入れる

One piece / ROYAL PARTY LABEL
Sandals / RANDA
Bag / SHEIN
Scarf / 編集部私物
Earrings, Necklace / VENDOME AOYAMA

似合うブラウンの選び方

夏タイプには、ココアのような赤みのあるブラウンがよく似合います。パキッとした色ではなく、ふわっとしたスモーキーな色を選ぶのがポイント。黄みの強いキャメルは、顔の黄ぐすみの原因になりやすいので注意しましょう。

似合うブラウン

ココア

ローズブラウン

苦手なブラウン

ライトキャメル

ゴールデンタン

アーモンドブラウン

BEIGE
ベージュ

ローズベージュで、
ブルベの苦手色をクリア

夏タイプの苦手なベージュをトップスに
もってくる場合、色選びは慎重に。赤み
のあるローズベージュならブルーベース
の肌にもなじみます。オフホワイトのパ
ンツでふんわりまとめたら、ローズベー
ジュの同系色にあたる赤みダークブラウ
ンの小物で引き締め。パイソンのバッグ、
メタルフレームのメガネなど、少しパン
チのあるアイテムで仕上げて。

夏タイプのベージュコーデ
ベージュ攻略
シンプルが似合うのはストレートの特権

⑤アクセントカラーを入れる

⑥セパレートカラーを入れる

T-shirt / KOBE LETTUCE
Pants / maison de Dolce.
Loafers / 卑弥呼
Bag / cache cache
Glasses / メガネの愛眼
Earrings / VENDOME AOYAMA
Necklace / EUCLAID
Watch / SHEEN
Belt / GU（編集部私物）

似合うベージュの選び方

一般的にベージュといえば、あたたかみ
を感じる黄みのベージュ。ブルーベース
の夏タイプは黄みの強い色を身につける
と、顔が黄色くくすんでぼんやり見えて
しまいます。でも大丈夫。ブラウンと同
じように、やや赤みやピンクっぽさを感
じるローズベージュを選べば失敗しませ
ん。

似合うベージュ

ローズベージュ　　ピンクベージュ

苦手なベージュ

ライトウォームベージュ　　ベージュ

BLACK
<ruby>ブラック</ruby>

マットな黒ジャンスカで
子どもと公園に

ブラックは本来、夏タイプには少し強い色。光沢のないマットなテクスチャーのものを選ぶのがおすすめです。細めのボーダーTシャツ、透け感があって太すぎないセルフレームのウェリントンメガネなど、夏タイプに似合うアイテムでバランスをとって。バッグは思いきってレッドを。モノトーン×ビビッドカラーの配色がシック&モダンに。

\# 黒は素材選びが重要
\# 赤トートがアクセント
\# 公園コーデもおしゃれに

④色相・トーンを変化させる

⑤アクセントカラーを入れる

T-shirt / SHOO・LA・RUE
One piece / ROYAL PARTY LABEL
Sneakers / ACHILLES SORBO
Bag / 編集部私物
Glasses / Zoff
Earrings / VATSURICA

似合うブラックの選び方

漆黒はとても強い色。夏タイプのやさしい顔立ちには、ソフトなブラックが似合います。色は光の反射で見えるものなので、表革やサテンなどの光る素材ではなく、マットな素材を選ぶといいでしょう。ブラックのトップスを着るときには、黒縁メガネをかけて顔の印象を調整するのもテクニックのひとつ。

似合うブラック

ソフトブラック

苦手なブラック

ブラック

Column

買う前に試着、していますか？

さまざまなファッション理論をもとに「似合う」の選び方をお伝えしてきましたが、いざ購入する前にできるだけしていただきたいこと、それは「試着」です。

人の肌の色や体のつくりは、パーソナルカラーや骨格タイプが同じ方でもおひとりずつ微妙に異なります。アイテムの色や形やサイズ感が自分に本当に似合うかどうかは、実際に身につけてみなければ厳密にはわかりません。

いまは、オンラインストアの商品を自宅や店舗で試着できるサービスもありますので、できれば購入前に試してみることをおすすめします。

試着しても自分に似合っているのかどうかイマイチわからないという方は、下のチェックリストをぜひ参考にしてみてください。

夏×ストレートタイプの試着チェックリスト

事前準備

☐ 着脱しやすい服で行く
☐ 普段の外出時につける下着をきちんと身につける
☐ コーディネートしたい服や靴で行く
☐ 合わせ鏡で後ろ姿まで見えるように、手鏡を持参する
（スマホのインカメラでもOK。購入前の商品の撮影はマナー違反になる場合があるため注意）

ストレートタイプのチェックリスト

☐（トップス）着丈や肩の位置がジャストか

☐（トップス）二の腕の外側のハリが目立たないか

☐（トップス）後ろ姿を見たとき背中のお肉を拾いすぎていないか

☐（パンツ）靴と合わせたとき、9分丈になっているか。適度なゆとりがあって太ももの肉感を拾っていないか

☐（ワンピース）バストで前身頃が上がってしまうことがあるため、ウエスト位置がジャストでキープされているか

☐（ニット）ウエストのくびれが出る程度に、適度に体にフィットしているか

夏タイプのチェックリスト

☐ 肌に透明感が出てすっきりして見えるか

☐ アイテムの色に黄みがあり、顔が黄色くくすんでいないか

☐ アイテムの色が暗すぎて、ほうれい線やしわが目立っていないか

☐ 色が鮮やかすぎて、顔が負けていないか

Chapter 3

夏 × ストレートタイプの
魅力に磨きをかける
ヘアメイク

夏×ストレートタイプに似合う
コスメの選び方

最高に似合う鉄板メイクを見つけよう

　顔に直接色をのせるメイクは、パーソナルカラーの効果を実感しやすい重要なポイント。似合う服を着ていても、メイクの色がイマイチだと「似合う」が薄れてしまいます。

　逆にいうと、本来得意ではない色の服を着たいときや着なければいけない事情があるときは、メイクを似合う色にすれば服の色の影響を和らげることが可能。とくにチークとリップを似合う色で徹底するだけで、肌に透明感が出ていきいきと輝きます。

　「コーディネートに合わせてメイクも変えなくては」と思っている方も多いかもしれませんが、自分に最高に似合う鉄板メイクが見つかれば、毎日同じメイクでも大丈夫。決まったコスメを使っていればいつもきれいでいられるなんて、忙しい日常を送る私たちにはうれしいですよね。

　もちろん、自分に似合うメイクパターンをいくつかもっておいて、コーディネートやシーンに合わせて使い分ける楽しみもあります。どちらでも、ご自身に合うメイク方法を試してみてください。

夏×ストレートタイプがコスメを選ぶときのコツ

　ピンク系の明るい肌で、もとから頬に赤みのある方が多い夏タイプ。青みのあるスモーキーな色をのせると、肌の透明感がさらにアップしてなめらかに見えます。コスメの定番カラーであるピンクも、青みを感じるローズピンクやベビーピンクを選ぶのがポイント。

　ゴールドやテラコッタなど黄みの強い色は、顔の赤みが増したり黄ぐすみしたりするので注意が必要です。

　夏タイプ、ストレートタイプともに、適度なツヤや上品なパールが似合うタイプ。パールはシルバーを選ぶとあか抜けて見えます。

　夏タイプはマット系の質感でも地味にならず肌がなめらかに見えるので、シーンや気分で使い分けるのもおすすめ。

おすすめのメイクアップカラー

アイシャドウ

ラベンダーやベビーピンクは夏タイプを
よりエレガントに見せる色。リップの色
を選ばないブラウンやベージュ系なら、
赤みやグレーっぽさを感じる色を。黄み
の強いゴールドやマスタードなどは苦手
です。

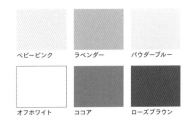

チーク

ローズピンクなど青みのあるピンクがお
すすめ。頬に赤みのある方が多いので、
青みの強い色をのせても顔が青白くなら
ず透明感が高まります。オレンジ系は顔
の赤みが増し、黄みと濁りのあるブラウ
ン系は地味な印象に。

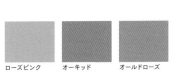

リップ

スモーキーなローズピンクは夏タイプを
グッと洗練させます。深めの色をつけた
いときは、ソフトなローズレッドがおす
すめ。暗すぎる色は顔色が一緒に沈み、
ビビッドな色はやさしい顔立ちが色に負
けてしまいます。

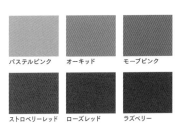

アイブロウ・アイライナーなど

赤みのあるブラウン、グレーがかったブ
ラウンをチョイス。黄みのあるブラウン
や強すぎるブラックは苦手な傾向。

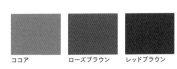

自分史上最高の顔になる、
夏×ストレートタイプの
ベストコスメ

スモーキーローズの上品メイク

スモーキーなローズピンクをチークとリップに使用し、夏×ストレートタイプの洗練された雰囲気を最大限に引き出した上品メイク。目もとは少し色味を抑えつつ、繊細なシルバーのパールでエレガントに。なめらかな輝きが透きとおるような美肌を演出します。

基本ナチュラル
メイク

アイシャドウ
DIOR

バックステージ アイ パレット 002 クール

マットな明るいベビーピンクの上に、繊細なパールの入ったグレイッシュな赤みブラウンの濃淡を重ねて陰影をつけ、自然なのにエレガントな目もとに。マット系もパール・ラメ系も両方似合うのが夏タイプの魅力。質感の異なる9色入りのパレットなら、さまざまな雰囲気のメイクを楽しめます。

チーク
ADDICTION

アディクション ザ ブラッシュ 007P Sky Flower（P）スカイフラワー

明るめのローズピンクなら、もともとの頬の赤みが適度に抜けて透明感アップ。大きすぎない繊細なパール入りなので、上品なツヤが生まれます。

リップ
SUQQU

シアー マット リップスティック 03 青玉SEIGYOKU

青みの強いスモーキーなローズピンクは、夏×ストレートタイプにイチオシの洗練リップカラー。品格や知性、エレガントさを存分に引き出してくれる最強ピンクです。適度な透け感のあるマットタイプで大人っぽく。

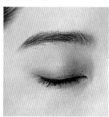  

ロマンティックな
ライトピンクメイク

アイシャドウ
LUNASOL
アイカラーレーション 12
Breezy Herb

夏タイプによく似合うラベンダーは、ピンクよりも大人っぽい雰囲気のメイクに仕上げたいときにおすすめ。繊細なシルバーのラメが上品に輝きます。黄みのないホワイト系のハイライトカラー、暗すぎない赤みのミディアムブラウンも入っている、さまざまなシーンで活躍すること間違いなしのパレットです。

チーク
CLINIQUE
チーク ポップ 15 パンジーポップ

同じ明るめのローズピンクでも、スモーキーではなくクリアな色味を選ぶとロマンティックに。トーンが明るくても、パープル寄りの青みピンクなら甘くなりすぎず、普段づかいもしやすいです。

リップ
KATE
リップモンスター 13
3:00AM の微酔

リップもチークに合わせて明るめのローズピンクを。ほんのりスモーキーな色合いが、かわいらしさのなかに大人っぽさもプラスしてくれます。適度なツヤ感のあるタイプで、軽やかにきらめく唇に。

夜のお出かけには
ローズレッドメイク

アイシャドウ
CEZANNE
ベージュトーンアイシャドウ
02 ロージーベージュ

濃い色のリップを楽しみた
いときは、アイシャドウは
ナチュラルな色にして抜け
感を。ほんのりピンク系の
ベージュとブラウンなら
リップの色を選ばず、夏タ
イプの肌にもマッチします。
ピンクの偏光ラメ入りで
キュートな印象に。ラメ入
りのアイシャドウを選ぶと
きは、シルバーやピンク系、
オーロラ系がおすすめです。

チーク
CANMAKE
グロウフルールチークス
（ブレンドタイプ）B02
ローズバレリーナ

夏タイプの定番、明るめの
ローズピンクですが、適度
なツヤ感があるパール配合
のものを選ぶと、存在感の
あるリップと好相性。夜の
お出かけにぴったり。

リップ
KATE
リップモンスター 07 ラスボス

ローズレッドで上品な華やか
さを。夏タイプが深めの色
のリップを選ぶときは、ほん
のりソフトでスモーキーな、
暗すぎない色を選ぶのがポ
イント。明るめの肌とやさし
い顔立ちになじんですてき
に仕上がります。

夏×ストレートタイプに似合う
ヘア&ネイル

本命ヘアは、
ダークカラーの重めストレート

　顔まわりを縁どる髪は、服やメイクとともにその人の印象を大きく左右します。パーソナルカラーのセオリーをヘアカラーに、骨格診断のセオリーをヘアスタイルにとり入れて、もう一段上の「似合う」を手に入れましょう！

　肌の色は明るめ、瞳の色は暗めの方が多い夏タイプ。ヘアカラーは瞳の虹彩の色に合わせると調和しやすいので、暗めの髪色のほうが似合う傾向にあります。

　おすすめは赤みのあるダークブラウン、ソフトなブラックなど。反対に、イエロー系やオレンジ系、明るすぎる色は苦手です。

　ストレートタイプに似合うヘアスタイルは、直線をいかした自然なスタイル。動きを出すときは毛先だけにするのがおすすめです。毛量を軽くしすぎず、やや重さを残したほうが、体とのバランスがとれて魅力的。

おすすめのヘアカラー

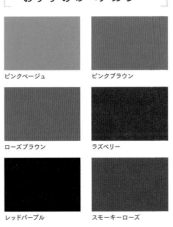

ピンクベージュ　　　ピンクブラウン

ローズブラウン　　　ラズベリー

レッドパープル　　　スモーキーローズ

おすすめのネイルカラー

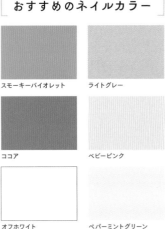

スモーキーバイオレット　ライトグレー

ココア　　　　　　　ベビーピンク

オフホワイト　　　　ペパーミントグリーン

Short

サラサラ髪をいかした
ショートヘア

髪が細くてサラサラの方が多い夏タイプは、もともとの髪質をいかしたストレートのショートヘアがお似合い。ソフトなブラックが透明感のある美肌を演出してくれます。

Medium

エレガントな
レイヤーミディアムヘア

重さを残したレイヤーミディアムスタイルは、夏×ストレートタイプのエレガントなイメージにぴったり。カラーは赤みのあるダークブラウン、もしくは強すぎないソフトなブラックで。

Long

くびれカットの
小顔ロングヘア

レッド系のダークカラーで上品に。顔に沿ったくびれカットが小顔効果あり。胸もとに立体感のあるストレートタイプは、巻き髪にするとさらにボリュームが出るため、毛先だけ大きくワンカールが◎。

Arrange

クリーンな
ハーフアップアレンジ

クリーンで品のいいハーフアップは、夏×ストレートタイプにおすすめのヘアアレンジ。毛先は自然な動きをつけるだけにして、巻きすぎないのがポイントです。

スモーキーな
グレー系ネイル

夏タイプが得意なパープルとグレーに、ナチュラルなベージュを合わせたネイル。シックなスモーキーカラーですが、透け感があるのでさわやかさも感じます。エッジーなオーロラフィルムがストレートタイプにぴったり。

透明感たっぷりの
ピンク系ネイル

シアータイプの淡いピンクに、涼しげなシルバーのラメライン、上品なパールをのせて、透明感のある指先に。直線的なスタッズを入れて引き締めることで、甘すぎず洗練された雰囲気になります。

華やかにきらめく
ホワイト系ネイル

華やかなシーンには、シルバー系のホログラムを使ったキラキラネイルを。シアータイプのホワイトと淡いミントグリーンの配色で、華やかななかにも清涼感を感じる夏×ストレートタイプらしいネイルが完成。

Epilogue

本書を最後まで読んでくださってありがとうございました。

あなたの魅力を輝かせる『パーソナルカラー×骨格診断別　似合わせBOOK』。

個性を引き出す、ファッションやヘアメイク、ネイルをご覧いただきいかがでしたでしょうか。

「パーソナルカラー×骨格診断」。この2つのセオリーは、あなたがすでにいま、持っている魅力や個性を引き出し、より美しく輝かせるものです。もちろん、ファッションは楽しむものなので、セオリーに縛られることなく、自由に服選びを楽しんでいただければと思います。

でも、あまりにも多くの情報があふれるいま、つい、自分にないものを求めてしまったり、他の人と比べてしまうことも、もしかしたらあるかもしれません。

そんなふうに何を着たらよいか迷ってしまったときに、この本が、あなたらしいファッションに気づく、ひとつのきっかけになればとてもうれしく思います。

私のサロンに来られるお客さまは、パーソナルカラーと骨格診断に合った色やデザインの服、メイクを実際にご提案すると「今までこんな服やメイクはしたことがなかったです！」「私は、本当はこういう服が似合うんですね！」と驚かれる方もたくさんいらっしゃいます。朝に来店されたときとは見違えるほどすてきになった姿を、数えきれないくらい目にしてきました。

自分自身を知り、それを最大限にいかすことは、「あなたらしい、身に着けていて心地よいファッション」を叶える近道になると思います。

色とりどりの服やコスメは、それを目にするだけで、私たちをワクワクした気持ちにさせてくれます。色とファッションのもつパワーを味方につけて、ぜひ、毎日の着こなしを楽しんでくださいね。

毎朝、鏡に映るあなたの顔が、これからもずっと、幸せな笑顔であふれますように。

　最後になりますが、この12冊の本を制作するにあたり、本当に多くの方に、お力添えをいただきました。
　パーソナルカラーと骨格診断のセオリーにマッチした、膨大な数のセレクトアイテム。その全商品のリースを、一手に引き受けてくださったスタイリストの森田さん。根気よく置き画制作を担当してくださった、佐野さんはじめ、スタイリストチームのみなさん。すてきな写真を撮ってくださったフォトグラファーのみなさん、抜けのある美しいメイクをしてくださったヘアメイクさん、頼りになるディレクターの三橋さん、アシストしてくださった鶴田さん、木下さん、すてきな本に仕上げてくださったブックデザイナーの井上さん。
　そして、本書の編集をご担当いただきました、サンクチュアリ出版の吉田麻衣子さんに心よりお礼を申し上げます。特に吉田さんには、この1年、本当にいつもあたたかく励ましていただき、感謝の言葉しかありません。最高のチームで、本づくりができたことに感謝の気持ちでいっぱいです。

　また、アイテム探しを手伝ってくれた教え子たち、そして、この1年、ほとんど家事もできないような状態の私を、何もいわずにそっと見守ってくれた主人と息子にも、この場を借りてお礼をいわせてください。本当にありがとう。

　たくさんのみなさまのおかげでこの本ができあがりました。本当にありがとうございました。

2024年3月　海保 麻里子

協力店リスト

＜衣装協力＞

・ ACHILLES SORBO
（アキレス・ソルボ）
https://www.achilles-sorbo.com

・ Attenir
（アテニア）
https://www.attenir.co.jp/index.html

・ VENDOME AOYAMA
（ヴァンドームアオヤマ）
https://vendome.jp/aoyama

・ VIOLAd'ORO
（ヴィオラドーロ）
https://violadoro.jp

・ EUCLAID
（エウクレイド）
https://fulcloset.jp/ext/euclaid

・ L.L.Bean
（エル・エル・ビーン）
https://www.llbean.co.jp

・ cache cache
（カシュカシュ）
https://www.unbillion.com/brand/
cachecache

・ KOBE LETTUCE
（コウベレタス）
https://www.lettuce.co.jp

・ CONVERSE
（コンバース）
https://converse.co.jp

・ THE STANDARD
（ザ・スタンダード）
https://wego.jp/

・ THE SHOP TK
（ザ ショップ ティーケー）
https://store.world.co.jp/s/brand/the-shop-tk/

・ SHEIN
（シーイン）
https://jp.shein.com

・ SHEEN
（シーン）
https://www.casio.com/jp/watches/sheen/

・ SHOO・LA・RUE
（シューラルー）
https://store.world.co.jp/s/brand/shoo-la-rue/

・ So close,
（ソークロース）
https://www.dinos.co.jp/catalog_s/soclose

・ Zoff
（ゾフ）
https://www.zoff.co.jp/shop/default.aspx

・ NEWYORKER
（ニューヨーカー）
https://www.ny-onlinestore.com/shop/
pages/newyorker-.aspx

・ VATSURICA
（バツリカ）
https://www.vatsurica.net

・ Honeys
（ハニーズ）
https://www.honeys-onlineshop.com/shop/
default.aspx

・ 卑弥呼
（ヒミコ）
https://himiko.jp

・FABIO RUSCONI
（ファビオ ルスコーニ）
https://fabiorusconi.jp

・FURLA
（フルラ）
https://www.moonbat.co.jp/

・BONAVENTURA
（ボナベンチュラ）
https://jp.bonaventura.shop

・MAMIAN
（マミアン）
https://www.mamian.co.jp

・MARHEN.J
（マルヘンジェイ）
https://www.marhenjjapan.com

・MISTY
（ミスティ）
https://misty-collection.co.jp

・メガネの愛眼
（メガネノアイガン）
https://www.aigan.co.jp

・maison de Dolce.
（メゾン ド ドルチェ）
https://dolce-official.com

・U by ungaro
（ユー バイ ウンガロ）
https://www.yamani.co.jp/brands/u-by-ungaro

・RANDA
（ランダ）
https://www.randa.jp

・ROYAL PARTY LABEL
（ロイヤルパーティーレーベル）
https://royalpartylabel.com

・WASHINGTON
（ワシントン）
https://www.washington-shoe.co.jp

＜ヘアスタイル画像協力＞

P101上
Double（ドゥーブル）／OZmall
https://www.ozmall.co.jp/hairsalon/1620/

P101下、102上
AFLOAT（アフロート）
https://www.afloat.co.jp

＜ネイル画像協力＞

P103　青山ネイル
https://aoyama-nail.com

＜画像素材協力＞
P44　iStock

※上記にないブランドの商品は、著者私物・編集
　部私物です。
※掲載した商品は欠品・販売終了の場合もありま
　す。あらかじめご了承ください。

著者プロフィール

海保 麻里子
Mariko Kaiho

ビューティーカラーアナリスト ®
株式会社パーソナルビューティーカラー研究所 代表取締役

パーソナルカラー＆骨格診断を軸に、顧客のもつ魅力を最大限に引き出す「外見力アップ」の手法が評判に。24年間で2万人以上の診断実績をもつ。自身が運営する、東京・南青山のイメージコンサルティングサロン「サロン・ド・ルミエール」は、日本全国をはじめ、海外からも多くの女性が訪れる人気サロンとなる。

本シリーズでは、その診断データをもとに、12タイプ別に似合うアイテムのセレクト、およびコーディネートを考案。「服選びに悩む女性のお役に立ちたい」という思いから、日々活動を行う。

また、講師として、カラー＆ファッションセミナーを1万5千回以上実施。企業研修やラグジュアリーブランドにおけるカラー診断イベントも多数手がける。わかりやすく、顧客に寄り添ったきめ細やかなアドバイスが人気を博し、リピート率は実に9割を超える。

2013年には、「ルミエール・アカデミー」を立ち上げ、スクール事業を開始。後進の育成にも力を注ぐ。

その他、商品・コンテンツ監修、TVやラジオ、人気女性誌などのメディア取材多数。芸能人のパーソナルカラー診断や骨格診断も数多く担当するなど、著名人からも信頼を集める。

著書に『今まで着ていた服がなんだか急に似合わなくなってきた』（サンマーク出版）がある。

サロン・ド・ルミエール HP
https://salon-de-lumiere.com/

クラブS

ほぼ毎月とどく
本のびっくり箱クラブS
サンクチュアリ出版 年間購読メンバー
くわしくは コチラ

新刊が12冊届く、公式ファンクラブです。

sanctuarybooks.jp/clubs/

サンクチュアリ出版 YouTube チャンネル

奇抜な人たちに、
文字には残せない本音
を語ってもらっています。

"サンクチュアリ出版
チャンネル"で検索

選書サービス

あなたのお好みに
合いそうな「他社の本」
を無料で紹介しています。

sanctuarybooks.jp
/rbook/

サンクチュアリ出版 公式note

どんな思いで本を作り、
届けているか、
正直に打ち明けています。

note.com/
sanctuarybooks

人生を変える授業オンライン

各方面の
「今が旬のすごい人」
のセミナーを自宅で
いつでも視聴できます。

sanctuarybooks.jp
/event_doga_shop/

パーソナルカラー夏×骨格診断ストレート
似合わせBOOK

2024年3月6日 初版発行

著　者　　海保麻里子

　　　　　装丁デザイン／井上新八
　　　　　本文デザイン／相原真理子
　　　　　モデル／木村きみ子(スペースクラフト・エージェンシー)
　　　　　撮影(人物)／小松正樹
　　　　　撮影(物)／小松正樹、畠中彩
　　　　　ヘアメイク／yumi(Three PEACE)
　　　　　スタイリング(アイテム手配)／森田文菜
　　　　　スタイリング(アイテム置き画制作)／佐野初美、小沼進太郎
　　　　　編集協力／三橋温子(株式会社ヲラフ)
　　　　　制作協力(アシスタント業務)／Yuuka、NANA(ルミエール・アカデミー)
　　　　　イラスト／ヤベミユキ
　　　　　DTP／エヴリ・シンク

　　　　　営業／市川聡(サンクチュアリ出版)
　　　　　広報／岩田梨恵子、南澤香織(サンクチュアリ出版)
　　　　　制作／成田夕子(サンクチュアリ出版)
　　　　　撮影補助／木下佐知子(サンクチュアリ出版)
　　　　　編集補助／鶴田宏樹(サンクチュアリ出版)
　　　　　編集　吉田麻衣子(サンクチュアリ出版)

発行者　　鶴巻謙介
発行・発売　サンクチュアリ出版
　　　　　〒113-0023 東京都文京区向丘2-14-9
　　　　　TEL:03-5834-2507　FAX:03-5834-2508
　　　　　https://www.sanctuarybooks.jp
　　　　　info@sanctuarybooks.jp

印刷・製本　　株式会社シナノ パブリッシング プレス

診断用カラーシート

夏 Summer ｜ ライトブルーグレー ｜ 透明感が出てシック ➡ 似合う
青白く寂しい ➡ 似合わない